きのくに歴史探見

和歌山大学教授
海津一朗・編

白馬社

第1章

よみがえる〝不思議の国〟

海津一朗

第2章　古建築が秘める歴史ものがたり

鳴海祥博

第3章　時空のドラマチック

武内雅人

第4章 神と仏のまなざし

大河内智之

第1章

よみがえる〝不思議の国〟

◉海津一朗

一　ふたつの高野山

改革者たちの山岳霊場

◇聖地・三つの「野」

本州最南端の地・紀伊半島――「きのくに（紀伊国）」は平成十六年夏、例年にまして「熱かった」。「紀伊山地の霊場と参詣道」がユネスコの世界遺産に登録され、多くの記念行事が集中して内外の「善男善女」でにぎわったからだ。

紀伊半島では「高野」「熊野」「吉野」という三つの「野」が宗教的な聖地として中世の昔より賑《にぎ》わっていた。「野」の名の通り、そこは隔絶した山岳霊場《れいじょう》であった。三「野」をめざして、あらゆる階層の人々が日本列島全土から遠路はるばる訪れた。その巡礼者の行

覚鑁池からみた高野山金剛峯寺の大主殿。ここにかつて伝法院があった

き交う細い道が、高野山町石道《ちょういし》、熊野古道、大峯奥駈道など参詣道であった。

三「野」と参詣道の文化と自然（文化的景観）をまるごとセットで保存する——この世界遺産登録は、そんな壮大な計画なのだ。

紀伊半島には中世以来の文化的景観が、そこかしこに息づいている。きのくにを〝時空散歩〟しながら、そんな「失われた世界」を本書に再現してみたい。現代人にとって、それはおそらく不思議の国、不思議な人々との出会いになるはずだ。

◎女人禁制の空中都市

標高八百メートル以上の聖地・高野山金剛峯寺。そこは、近代以前は女人禁制の徹底した男だけの棲む宗教都市であった。いま私たちがみることのできる高野山は、神仏分離が徹底された明治以後の姿であり、弘法大師空海の世の面影はほとんど残されていない。たとえば、大駐車場の前、金剛峯寺の本坊大主殿のある要の地点だが、ここにはかつて大伝法院（のちの根来寺）があった。

空海と二代真然の死後、この真言の聖地は荒れ果てて京都の東寺（教王護国寺）の末寺のように落ちぶれてしまった。それを復活させ今日の高野山の基礎をつくったのが覚鑁《かくばん》上人。のちに高野山を追われて根来寺に新宗派を開いた人物である。

覚鑁は、空海の宗教的な情熱を受け継いで教学の復興に突き進み、その姿勢に打たれた鳥羽天皇の朝廷から厚く保護された。僧侶たちの修学の場である伝法会を復活させたのも彼だ。真言の教えに当時流行していた念仏の教えを取り入れた覚鑁の「秘密念仏思想」は、高野山内の新興勢力である高野聖《ひじり》たちの圧倒的な支持を得た。

そして数々の所領を寄進されて山麓住民との交流も深め、荒廃にまかせていた高野山を、真言の霊場に復権させたのである。その原動力は、覚鑁に率いられた改革派の聖勢力であったことは、忘れられた歴史である。

◎覚鑁と高野聖

覚鑁を支えた改革派勢力の足跡を追いかけよう。まず覚鑁の住坊だった密厳院は、苅萱《かるかや》堂の隣地にある。民衆を高野山にいざなったのは、高邁《こうまい》な教義ではなく、苅萱堂で「絵解き」された石童丸の説話。父に見捨てられた石童丸の母子が、父を求めてはるばる九州か

MEMO 金剛峯寺の本坊

屋根の上に乗った巨大な桶がひときわ目をひく金剛峯寺の本坊大主殿。この場所を押さえるものこそ高野山を制する。時代ごとの高野山支配者を知る手がかりとなる。中世の当初は大伝法院が、江戸時代には学侶方の本寺である青巌寺があった（青巌寺は高野山青巌寺ユースホステルとして名を残している。若い研究者たちの定宿である）。現在の本坊（県指定文化財）は青巌寺時代のものであり、大伝法院時代をうかがわせてくれるものはない。ただ、本坊の前の小池が「覚鑁池」と宗祖の名で通称されているのみである。当時の姿は、京都国立博物館所蔵の高野山水屏風（鎌倉期）で見ることができる。

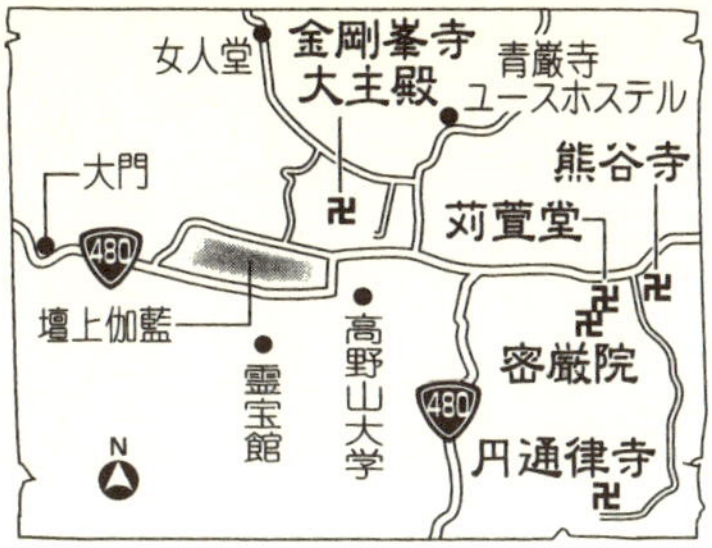

ら高野山に至る苦難の旅の物語である。

ここは、禅律僧の無本覚心（法燈国師）に招かれた高野聖の溜り場で、現在は密厳院の経営である。お願いすれば、堂内に奉納された縁起絵を使って実際に「絵解き」を見せてもらうこともできる。いまも昔も変わらぬ「善男善女」の空海信仰の拠点なのだ。

苅萱堂から奥の院に向かって少し歩くと分岐路近くに熊谷《ゆうこく》寺（持宝院）がある。源平合戦の敦盛《あつもり》悲話で知られる熊谷直実《くまがいなおざね》（蓮生坊）の旧跡で、直実の兜《かぶと》として言い伝えられている雑賀《さいか》鉢がある。そこから小道を進んで、新別所（真別処）円通律寺を目指したい。

ここは鎌倉時代、東大寺を再興したことで知られる俊乗房重源の開いた高野聖たちの拠点・真言律の修行場である。そして、いまも女人禁制のままである。円通律寺の木札のあるあたりに、女人結界を示す標柱が立てられている。と、いっても男性もこの先二百メートル足らず、山門より内側には行者以外は入ることを許されていない。

町石道に蒙古襲来防ぐ願い

◇高野山への道

高野山への参詣道には、高野七口と呼ばれる入り口につながる七本のルートがあった。

標高八百メートル以上の高野山にいたる道筋は、いずれも険しい登山道である。このうち中世のメーンルートは、紀ノ川筋の慈尊院から高野七口の大門口にいたる約十九キロの高野山町石道《ちょういしみち》であった。

町石道の名は、慈尊院から高野山までの路傍に一町ごとに卒塔婆《そとうば》が建てられていることに由来する。一町というと約百九メートルであるから、慈尊院から壇上伽藍《がらん》まで百八十本、さらに高野山内を奥ノ院まで三十六本の町石があたかも道標のように連なっている。百八十という数は胎蔵界曼荼羅《まんだら》の百八十尊に当てはめたもので信仰上の意味がある。

町石道を行く参詣者は、高野山に至るまでに百八十の尊仏に詣でることになる。したがって町石の間隔は厳密に一町ごとになっておらず、百メートル足らずのところも多い。

町石の形式は、写真で見られるように総高三メートルほどの花崗《かこう》岩製の五輪塔型の長石卒塔婆である。もともとは木製の卒塔婆が立てられていたというが、鎌倉時代の中頃の文永二年（一二六五）に石造製の町石卒塔婆の建立が計画され、弘安八年（一二八五）に完成した。

◎「貴賤」の願い

慈尊院の百八十町石から壇上伽藍の一町石まで、それぞれの町石には、尊仏を表す種字（梵字）、町数、建立した年月日、施主（寄進した人物）の名前が刻み込まれている。なか

高野山への参詣道。路傍に立っているのは北条宗政の建てた四十二町石

には破損して後世に復元された町石もあるが、文永三年（一二六五）から弘安四年（一二八一）までの年号が刻まれている。

施主名をみれば、後嵯峨天皇、将軍藤原頼経、執権北条時宗をはじめ鎌倉時代中期の幕府・朝廷の要人、各地の有力御家人《ごけにん》や高僧たちのオンパレードである。またわずかではあるが、「十方施主《じっぽうせしゅ》」とだけ記して個人名のない町石もある。十方施主とはあらゆる世界を示す仏教語で、庶民層の結願寄進によって建立された町石だったことがわかる。個人でもっとも多くの町石を寄進したのは、幕府の実力者安達泰盛《やすもり》の六本であった。

上は最高権力者から下は名の知れぬ人々に至るまで、町石道の建設は広汎な支援によって実現した国家的大事業であった。文永・弘安のころ、人々が町石道に込めた願いとは、いったいどのようなものであったのだろうか。

MEMO 慈尊院の前身

町石道の起点となる慈尊院は、もともとは金剛峯寺の寺務組織である「山下《さんげ》の政所《まんどころ》」であった。中世には全国各地の荘園からの年貢などが紀ノ川を利用して運び込まれた集散地。町石道は、参詣者たちの信仰の道というだけではなく、金剛峯寺領からの物資や労働力が往来する寺院経済の幹線でもあった。百八十町石は多宝塔の脇、丹生官省符神社（もと神通寺）への石段の中ほどにある。「女人高野」「空海母公の廟所」として信仰をあつめ、弥勒堂（重文）の柱にはいまも羽二重の乳房形《ちちがた》がたくさん下がっている。安産・授乳・育児を願う乳房の民間信仰であるが、有吉佐和子著の小説『紀ノ川』で紹介されて有名になった。

◎町石道の真相

平成九年、高野山大学による発掘調査によって、四十二町石・五十一町石の下から経石《きょういし》が出土した。町石道を保存する事業の一環で、傾きかけていた町石を建て直す作業の最中だった。経石とは、細字の経文を記した礫石のことで、町石の柱穴には金光《こんこう》明最勝王《みょうさいしょうおう》経を墨書した十センチほどの平たい河原石が埋納されていたのである。これまでにも、工事作業のさなかに同様の経石が出たことは報告されていたが、学術発掘されたのは初めてだった。

この金光明最勝王経は、国を鎮め護る護国の聖教であり珍重されていた。おりから、文永・弘安の時期は、度重なるモンゴル帝国・元《げん》の侵攻「蒙古襲来」があって、朝廷・幕府の首脳が恐怖に震えていた時期である。護国の経典をもちいた異国降伏の祈禱も全国で行われていた。

国をあげた町石道の建設作業は、空海の霊力にすがって「蒙古襲来」を防ぐという切実な願いに支えられていたのである。執権北条時宗とともに対モンゴル戦争の指揮をとった安達泰盛が、もっとも熱心に町石道の建設をすすめたのは当然のことであった。

町石道は、平成十六年ユネスコの世界遺産に登録されて整備が進んだ。JR高野口駅あるいは南海高野線九度山駅から慈尊院に出る。境内にある百八十町石から高野山までは、全行程七時間ほど。午前十時ころに駅を出て、ちょうど夕刻に高野山に到着する。

大門前ののぼりを除くと道はおおむね平坦できつくはないが、途中に売店等はないので食料の準備は万全に。天野盆地脇の百三十六町石で南海高野線・上古沢駅に迂回する短縮コースもある。町石があるから道に迷うことだけはない。メモ帳をもって一本一本施主名を確認して、文永・弘安の危機の時代を生きた人々に思いを寄せていただきたい。

関東モノと天野盆地の女神

◇関東モノたち

中世高野山の礎は覚鑁《かくばん》率いる根来寺（大伝法院）勢力が作った。それを飛躍的に発展させ、後世「高野寺領」などと呼ばれる経済基盤を確保したのは鎌倉幕府の有力御家人安達泰盛《やすもり》だった。世界遺産登録に沸く高野山であるが、このような歴史的事実はほとんど忘れ去られているようだ。

安達泰盛は、幕府執権北条時宗の義兄に当たり、モンゴル帝国との戦争（蒙古襲来）に際して、御恩奉行《ごおんぶぎょう》として鎌倉御家人を束ねて最高軍事指揮権を行使した。先祖の安達盛長《もりなが》は源頼朝の側近であり、鎌倉幕府開創の功労者の御家人だった。泰盛は数えて四代目にあたる。泰盛は高野山に将軍家祈願所の金剛三昧院を保護し、そこを拠点として次々と文化事業を興した。

高野山への参詣道である町石道《ちょういし》を整備し、「高野版」と呼ばれる聖教類の開版（出版）事業を興した。また、幕府の権力者として、武士に奪われていた高野山領荘園を取り戻すなど過剰ともいえる肩入れをしている。

鎌倉御家人というと、関西でははなはだ評判が悪い。とりわけ寺院では、乱暴で野蛮な関東モノとして毛嫌いされる傾向がある。けれども、今日につながる高野山の繁栄の基を築いたのは、関東モノたちの最高指揮官である安達泰盛であることが歴史的な真実であった。なぜ彼はここまで高野山贔屓《びいき》に徹したのだろうか。そのひとつの答えがかつらぎ町の天野盆地にある。

◎天野の女神

高野山より車で下ること三十分あまりで天野盆地に至る。参詣道の町石道を使うなら、慈尊院から一時間半歩いて、百三十六町石の六本杉峠か百二十町石の二ツ鳥居で天野に下る道を行けばよい。

盆地のなかに突如として現れる巨社が丹生都比売《にうつひめ》神社。天野社とも通称された高野山金剛峯寺の地主神《じしゅ》である。主神の丹生都比売（姫）明神は、アマテラスの妹といわれる女神である。神功皇后《じんぐう》の「三韓征伐神話」で大活躍して以来、異国征伐の軍神として誉れ高い

丹生都比売神社の楼門。大鴉に化身して蒙古を滅亡させた伝説を持つ

神だった。

モンゴル帝国との戦争指導に腐心していた安達泰盛にとって、丹生都比売の「神戦《かみいくさ》」は頼みの綱であった。この当時、戦争の勝敗を決めるのは、地上での兵士の戦いだけではなく、天上世界での神と神の「神戦」であると考えられていたからである。蒙古襲来に勝利するため、泰盛は幕府の祈禱《きとう》僧を天野に派遣した。前後に例のない措置であった。さらに次々と高野山をもり立てる措置を実施した。町石道の整備事業、高野山での経典出版、所領の復活。これらはすべて、高野山の勢いを強めることにより、地主神である丹生都比売に活躍してもらうための手立てであった。

◇神風と女神

弘安四年（一二八一）蒙古襲来（弘安の役）において、七月蒙古の連合軍は折からの台風で破滅し撤退した。この時、安達泰盛ら幕府首脳の丹生都比売明神への崇敬はピークに達した。女神丹生明神が、巨大な鴉《からす》に化身して戦場に飛来し、翼で大風を吹かせて蒙古軍を壊滅させたという噂が広まったからである。

江戸時代になると、神の吹かせた風、すなわち「神風」とし宣伝されるようになるが、中世では丹生明神の化身そのものと認識されていた。泰盛は、丹生明神の「神戦」に深く感謝して、その恩賞として紀伊国の一国鎮守《ちんじゅ》、すなわちナンバーワンの一宮《いちのみや》の称号を与え

MEMO 丹生明神

天野の里は、標高五百メートルの蝶の形をした盆地で、上天野と下天野に分かれる。丹生明神の鎮座する上天野は高野山の供僧・社官らの里坊《さとぼう》が集中していた。かつて大鴉《おおがらす》に化身して蒙古を滅亡させた丹生都比売は、愛らしい「わかひめちゃん」として胡桃《くるみ》餅キャラクターに変身して町おこしに一役買っている。丹生都比売神社社殿の正面左から三番目の第三殿気比《けひ》神社には、丹生明神が変身したという鴉の威容が描かれている。また、楼門（重文）に向かって左手に進んで小川を越えたあたりには、蒙古襲来の当時、修験者たちが建立した石塔群が残っている。この一帯にあった仏教系の堂舎は、明治初期の神仏分離令で軒並み撤去されてしまった。

たのである。

最近、各地の真言宗寺院から、巨大な鴉に化身した軍装の丹生明神の画像（掛軸）が発見されている。異国降伏の祈禱に際して使われたと伝承されており、最古のものは十四世紀南北朝時代にさかのぼる。真言宗では、布教のために丹生明神の「神戦」を宣伝材料にしていたのである。中世の昔、天野の丹生明神が日本をモンゴル帝国の侵略から救った神として幕府権力から崇敬されていた事実、これまた忘れ去られた歴史であった。

弘安八年（一二八五）十一月、史上名高い霜月騒動（安達泰盛の乱）が発生した。将軍職を狙っているなどの流言によって安達泰盛が一族もろともに鎌倉で誅伐《ちゅうばつ》されたのである。この十月には高野山で町石道の落成式が行われたばかりであり、泰盛が鎌倉を空けた間隙をぬって陰謀が仕組まれたものと思われる。

こうして、高野山中興の最大の功労者の名は歴史の闇に埋もれた。

二　根来、燃える！

宗門のシンボル「大湯屋」

◇大湯屋《おおゆや》出土

平成十六年の年頭、和歌山県北部の紀ノ川筋一帯はホットな話題に沸いた。岩出町（現岩出市）が根来寺の駐車場をつくろうと計画していた町有地の山中から、戦国時代の湯屋（蒸し風呂）がそっくりそのまま二棟も出現してきたからである。

産経新聞（和歌山版）も大きく報じ、遺跡の現地説明会も行われて、近畿一円の研究者が訪れた。県文化財センター鳴海祥博氏による構造復元図（次頁）も作成されて、根来寺全体（惣寺）の大湯屋に他ならないことがほぼ明らかになったのである。

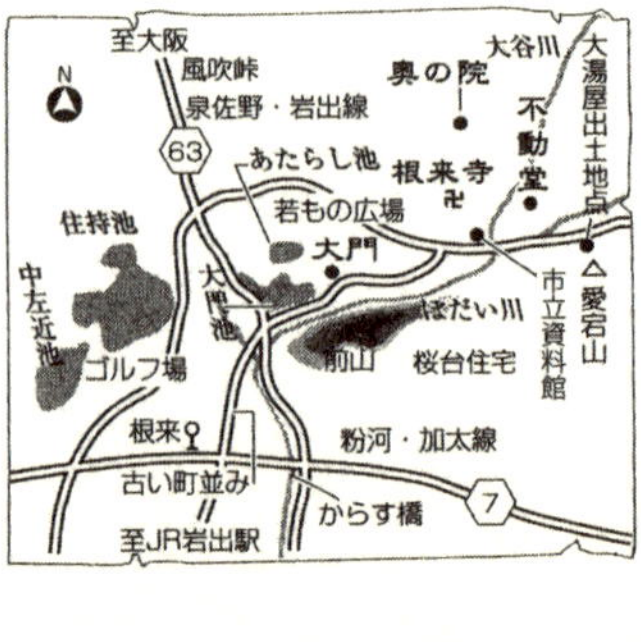

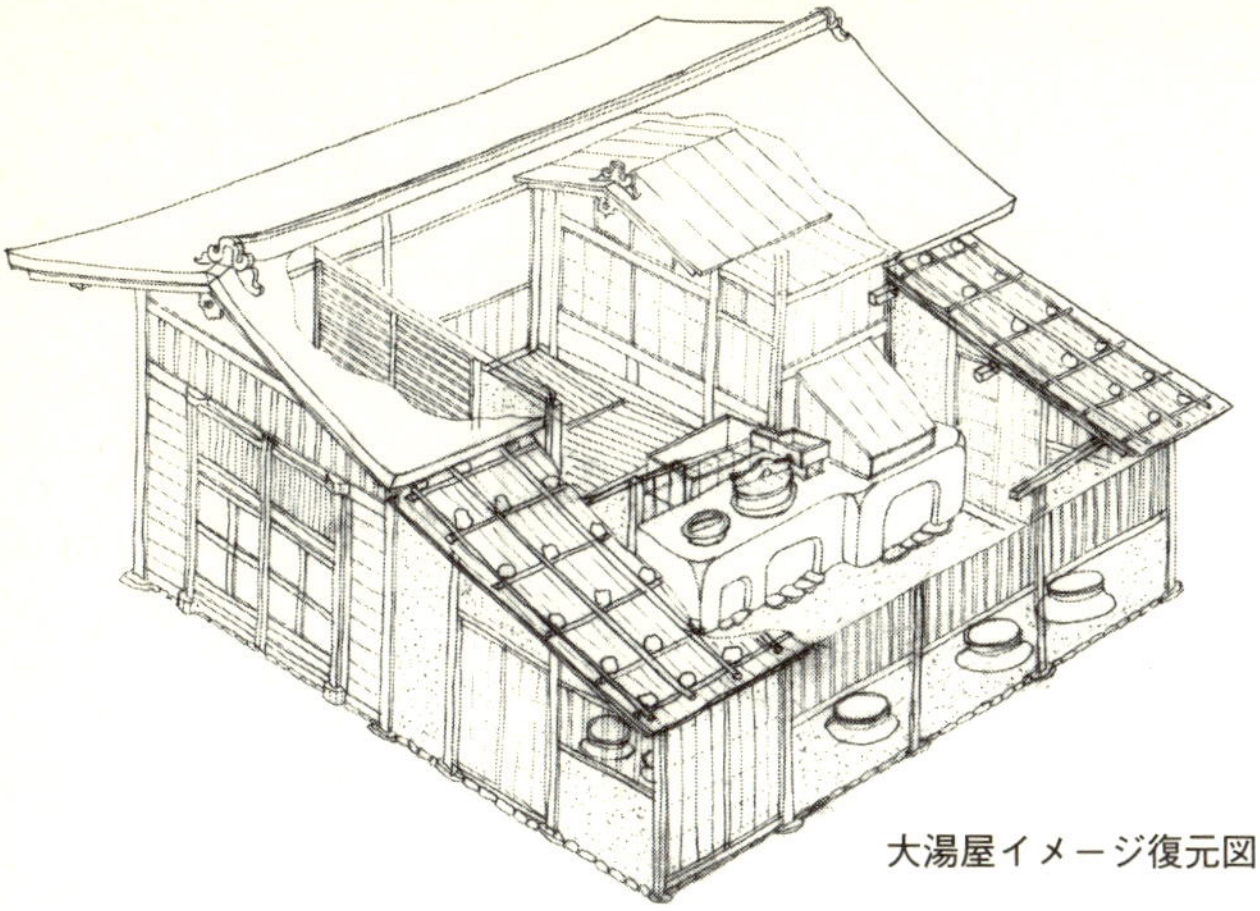

大湯屋イメージ復元図（鳴海祥博氏作成）

根来寺の大湯屋――。じつはこの大湯屋こそ、根来寺が金剛峯寺と袂《たもと》を分かち、高野山上からいまの弘田荘の地に移ることになる直接のきっかけだったのである。

◎一触即発

中世の高野山は、子院である大伝法院（のちの根来寺）が力をもち、本寺である金剛峯寺をしのぐ勢力を誇っていた。とくに覚鑁《かくばん》が伝法院別当のみならず、金剛峯寺の座主《ざす》をも兼務するにおよんで、金剛峯寺の衆徒の不満は爆発した。双方の衆徒はことあるごとに実力行使に及び、保延六年（一一四〇）に覚鑁は下山を余儀なくされている。覚鑁死後、和睦《わぼく》が成立して大伝法院方が高野山に戻ったものの、双方の対立は止むことがなかった。

伝統と秩序を重んじた寺院社会である。金剛峯寺サイドから見ると、大伝法院の振る舞いは分に過ぎた無礼だったのである。仁安三年（一一六八）には修正会《しゅしょうえ》のしつらえが華美だといって乱暴し（裳切《もぎり》騒動）、仁治三年（一二四二）には僧坊もろとも焼き討ちをしかけ、弘安六年（一二八三）には皇族の奉納馬を管理するのはけしからんといって大伝法院方の天野氏長者《うじのちょうじゃ》（天野丹生都比売《にうつひめ》神社の氏子総代）を免職した（神馬相論）。中世寺院は自前の武力を持っていたので、山内での対立は一触即発の合戦の危機となった。

◎根来の地へ

蒙古襲来のさなかに安達泰盛《やすもり》の後ろ盾を得て天野丹生明神を接収した金剛峯寺は、弘安九年（一二八六）最後の攻勢に出た。大伝法院が大湯屋を建立したのは不当だとして蜂起したのである。この「弘安の大湯屋騒動」が引き金となって、大伝法院勢力は所領弘田荘のある根来の地に完全撤退を余儀なくされた。大湯屋騒動の翌年のことだった。

弘田荘に退去した大伝法院は、寺領荘園を手がかりにして紀ノ川河口部に勢力を拡大していった。天野丹生明神を金剛峯寺に奪われたため、あらたに所領山東荘内の古社伊太祁曽《いたきそ》神社（和歌山市山東地区）を地主神として取り立てた。さらに和泉山地を越えて泉南地方に勢力をのばし、海路を押さえて遠く南九州海域に末寺を広げたのである。その海上ネットワークはいち早く種子島鉄砲をもたらすことになり、羽柴秀吉に撃破されるまで最強を誇った紀州根来鉄砲衆を作り上げた。

◎平成大湯屋騒動

覚鑁の教えは、金剛峯寺の古義真言宗に対して、新義真言宗と呼ばれる。根来寺はその

MEMO　湯屋のシンボリズム

たかが風呂と言うなかれ。中世の寺院社会では、自治的な支配が行われており、衆徒による多数決「多分《たぶん》の儀」が行われていた。大湯屋は、その主要な会場として使われた「無縁」の場だった。「無縁」とは、コネや私的派閥などの私縁が凍結される公共の場という意味である。寄合（会議）や一揆の出陣式に使用され、まさに自治と団結のシンボルとなる空間であった。金剛峯寺にとって、高野山のなかにふたつの意思決定機関ができることは絶対に認めることができなかったのであろう。

覚鑁の身代わりになったと伝承される「きりもみ不動」を安置する根来寺の不動堂

総本山であった。

根来寺にとって、大湯屋の建設は高野山で果たせなかった宗門の悲願であると同時に、新宗派である新義真言宗樹立のシンボルであったわけだ。

その大湯屋が出土したのだ。地元では、この僥倖《ぎょうこう》をなんとか地域振興の切り札として活用できないか、内外の人々が知恵を出し合って議論が交わされた。だが、まだ結論は出ていない。

毎年十一月には、岩出市民をあげた恒例の覚鑁祭で、根来寺一帯は賑わう。この前後、根来寺の主催で新義真言の諸宗派を一堂に集めた学術シンポジウムが行われ、史跡の保存と活用にむけた取り組みがつづいている。

全山炎上「運命の日」甦る

◎悪魔の共和国

戦国時代に日本を訪れた宣教師ルイス・フロイスは、きのくにを評して「五つの悪魔の共和国があり、ひとびとが自治を行っている」とした。

五つとは熊野・高野・粉河《こかわ》・雑賀《さいか》そして根来《ねごろ》のことである。イエズス会宣教師の彼にとって、異教の宗教集団はすなわち悪魔だった。とくに根来の国については「三千挺の鉄砲をもつ半僧半俗の根来衆が治める」とその軍事大国の側面に注目している。

きのくにの共和国は当時「惣国《そうこく》」と称されており、その動向が群雄割拠の大名たちの勝敗を左右するほどだった。

◎共和国滅亡

戦国時代、繁栄をきわめた根来寺の共和国にも最後の時がやってきた。惣無事《そうぶじ》の名のもとに全国制覇をもくろむ豊臣秀吉の大軍が紀州惣国に攻め込んだのが一五八五年三月。和暦天正十三年のことである。

根来寺勢力は、防衛線として泉南地方の近木川《こぎ》一帯（貝塚市）に築城したが、破竹の勢

根来寺大門から眺望した発掘調査中の大門池（2004年10月）。平成十八年には市立図書館がオープンした。

いの秀吉勢に撃破され、紀州に敗退した。その後和泉山脈に山城群を構えたものの「用に立ちたる者」はほとんど貝塚戦線で脱落していたため、抵抗らしい抵抗もできずに三月二十三日夜全山が炎上した。

現在の寺内で焼け残ったのは大師堂・多宝塔だけという惨状だった。フロイスは「荒野となったこの地に再び人の息吹の戻ることはありえないだろう」と述べたほどの徹底的な破壊と略奪が行われた。根来に続いて、粉河寺・雑賀も炎上、高野・熊野も降伏し、紀州の惣国は壊滅した。

◇悲劇の舞台大門池

根来寺の山門は通称黒門、高野の赤門に対する呼び名である。現在の黒門は江戸幕末期の再建で県指定文化財となっている。秀吉の根来攻めの時は焼け残ったが、秀吉の弟秀長の城門にするため大和郡山に運び去られた（こちらは残念ながら現存しない）。

この黒門の脇に大門池がある。黒門の外には、西の門前町坂本（現大字根来地区）が広がっているから、伽藍《がらん》域と都市域の境界の大池である。天正兵火の際、この大門池は悲劇の舞台となった。

秀吉軍によって寺の解体が進む二十九日、助命された根来寺僧ら三十五人があいついでこの池に身投げをした。焼け残った本堂（大伝法堂）を解体するという決定に対する抗議の集団自殺であった。有名な話だったらしく、フロイスもこの話を書き留めている。一人が入水すると、次のものは長い竿《さお》で浮き上がることのないよう成仏の手助けをしたのちに飛び込んだのだという。

本堂があればこそ百人ほどの供僧が暮らせただろうに、これでは生きていてもしかたがないという絶望の自殺、秀吉の約束違反に対する根来衆の強烈な抗議の意思だった。紀州惣国、いや日本中世の最期を象徴する哀話であろう。

◇タイムカプセル

フロイスが「悪魔の共和国」と呼んだ根来の国は、徹底的な破壊によって消滅した。だが、それが復興不可能なほどのダメージだったため、天正十三年（一五八五）三月二十三日のその日が、そのまま地中に保存されることになった。根来一帯から次々と四百二十年

MEMO　大門池の発掘調査

根来寺の発掘調査は、六百余と推計される子院群が谷ごとに雑居している状況などを解明した。近年、東端の大湯屋、西端の大門池など「公共施設」が調査されたことによって、寺社都市の全貌が解明されつつある。とくに、「その日」のタイムカプセルというところは、他に類例の少ない根来の特色だ。平成十四年夏には、桃坂なかほどの地点から地下の土蔵が発掘されたが、備前甕《がめ》とともに八つの木桶が出土。タガが外れて展開図状態で出土したが、ちょうど上から半分ほどで焼け焦げている。まさしく「一五八五年その日」の土蔵が垣間見られたことになる。残念ながらこの地点は保存されることはなかった。

前の「その日」の様子が姿を現し始めたのである。それは僧侶たちの寺域ではなくて、諸職業の民衆が集う戦国時代最大規模の都市、宗教都市というべき実態をもっていたことがわかってきた。最新技術を誇る戦国時代の共和国根来が、地中からのメッセージによっていまこそ復活を遂げようとしているかにみえる。

昭和五十五年、和歌山県と旧岩出町はこの共和国を地域振興のシンボルにするべく発掘調査を開始した。それから二十五年、平成十八年に岩出市が誕生し、歴史と文化の新市がめざされている。根来共和国はいま正念場を迎えているように思う。

中左近池が語る根来の実力

◇日本一有名な池

生前の石井進（東京大学教授・中世史家）がゼミ旅行でこの地を訪れたとき、「ここが日本一有名な池、中左近池《なかさこんいけ》だ」と解説したという逸話が残っている。中左近の名は、もし知らないといえば「本当に日本史を勉強しているの？」と問われかねないほどに著名なものだ。

和泉山地を越えた熊取谷（大阪府熊取町）を本拠とした泉南地方の有力者中家の当主の

世襲名である。「中家文書」という相伝文書を保管しており、室町・戦国時代に台頭する土豪・地侍の典型として、近世社会（江戸時代）の成立を解き明かす鍵となってきた。

◎泉南地方の主

中家は、根来寺《ねごろじ》の山内に成真院《じょうしんいん》という子院を建立して一族の子弟の中から院主を出した。子院を作るほどに根来寺に帰依したのには理由があった。

室町時代の中家は、泉南地域の土地や商業特権（麹《こうじ》販売ルートなど）を買い集めたが、十六世紀半ばの天文年間を境にして成真院の名義で大々的に集積し始めた。成真院の建立は中家にとっては飛躍のステップだったことになる。つまり根来寺の経済的実力と武力を後ろ盾にして、円滑な売買取引を保障してもらったのである。

中家だけではない。根来寺の山内には、このような泉南地方の大小の地侍たちが結集していた。根来寺は泉南地方の有力者たちの利益を守る「議事堂」、近畿南部の地域住民にとっては大手の金融機関であった。

◎豊臣の焼き討ち

豊臣秀吉は、このような中小領主たちによる地域経営を認めず、兵農分離の政策をとって近世社会への道筋をつけた。当然ながら、泉南地方の地侍を束ねる根来寺は打倒すべき

熊取町の地侍が根来寺の力を借りて築造した中左近池

最大のターゲットであった。天正十三年（一五八五）三月二十三日秀吉軍の総攻撃によって根来寺は全山焼け落ちた。このときの戦闘の激戦地は、泉南の近木《こぎ》川一帯（現貝塚市）であった。中家もまた敗れて逼塞《ひっそく》を余儀なくされ、いくつかの曲折をへて近世の庄屋家に収まっていった。

五百点近く伝来している「中家文書」の土地売券であるが、天正十二年（一五八四）十二月から同十七年五月までの間は空白がある。根来寺の敗北が、泉南地方の人々に与えたダメージの大きさをうかがい知ることができるだろう。

◎根来寺ネットワーク

「中家文書」によって明らかになった根来寺と泉南地域の深いつながりは、残念ながら現地の岩出町ではほとんど知られていない。菩提谷にあったという成真院の跡地もいまは跡形もない。それだけに中左近の名を伝承する池が現存していたことが驚きであったのだろう。故石井進の伝説が語り継がれる所以《ゆえん》である。

　中左近池は弘田荘西端の一帯を潤している基本用水系である。これを中家が構築して掌握していたとすると、根来寺のイメージは大きく変わってくることにならざるをえない。さらに三年前、企業誘致のため中左近池の西側の谷筋（住吉川筋）が大きく開発された。その前提として発掘調査が実施されたが、このとき鎌倉時代の集落遺跡が出土している。鎌倉時代にあった村と、十五世紀に台頭する中左近の作った池はどのように関係するのか。謎はさらに深まり知的な興奮は高まるばかりである。地元の人々でぜひ日本一有名な池の正体を突き止めてほしい。

　周辺が開発されはじめたとはいえ、中左近池の堤体から望む紀ノ川筋、紀州富士（龍門山）は絶景。ぜひここにたって、泉南地方を牛耳っていた根来寺ネットワークに思いを馳せていただきたい。

MEMO　根来寺の外堀

　中左近池のとなりにある住持池の脇、風吹峠に抜けるバイパス道路建設のための発掘調査が行われたのは平成六年（一九九四）。丘陵を取り囲む堀から総数五百基に及ぶ膨大な数の石塔類（板碑・宝篋印塔・五輪塔など）が出土して大変な話題になった。死者生者を供養する目的でつくられた石塔が、廃棄されて根来寺の外堀に転用（目的外使用）されていたのである。秀吉の紀州侵略に先立って、根来寺側が門前町の守りを強化したのだと考古学者たちは説明している。そうだとすれば、中世から近世に転換する秀吉の世の戦争の実態・惨禍を示す貴重な証言者であろう。また同時に、供養塔を城石垣に使ってしまう（使わざるをえなかった）人々の意識の変化にも注目しておきたい。

出版案内

●最新刊
北海道犬がやって来て

山本正勝・杏子　1360円

30年にわたって、5匹の北海道犬を飼い続けてきた夫婦がつづる北海道犬との、愛と涙の日々。

本書を読むと、知られざる北海道犬の魅力にとりつかれ、北海道犬を飼ってみたくなるかも知れない。

犬好きにはたまらない本。

『三帖和讃』講讃 上 下

増井悟朗　上巻2520円　下巻2100円

親鸞聖人の深い感動をうたった『三帖和讃』を学ぶためにこれ以上はない、最強のテキストが登場！　著者の18年にわたる渾身の講義を単行本化した、親鸞教徒必携の一冊。上巻は「浄土和讃」「高僧和讃」を収録。下巻は「正像末和讃」を収録。

㈱白馬社
〒612-8105　京都府京都市伏見区東奉行町1-3
電話075(611)7855　FAX075(603)6752
URL　http://www.hakubasha.co.jp　E-mail　info@hakubasha.co.jp
定価は税込みです。

…の美

鈴木明寛

青森から九州まで、77カ所の魅力あふれる石仏のスケッチ。フェルトペンを使った独自の画が斬新。添えられた文章は、石仏紀行として楽しめる。

▼二六二五円

修験道っておもしろい！

田中利典

日本で十二番目の世界遺産「紀伊山地の霊場と参詣道」の誕生に大きく関わった著者が、登録の背景となった修験道と、吉野大峯の魅力を語り尽くす。

▼一五七五円

修験道大結集

金峯山寺

日本独自の神仏習合世界が放つ「地球平穏」「世界平和」の新たなメッセージを世界へ届けた日本仏教史上初の快挙、「修験道大結集」の全記録。

▼二五二〇円

〈全3巻完結〉

教行信証の道標

藤谷秀道

Ⅰ　教行の部
Ⅱ　信巻の部
Ⅲ　化身土の部
各巻▼二一〇〇円

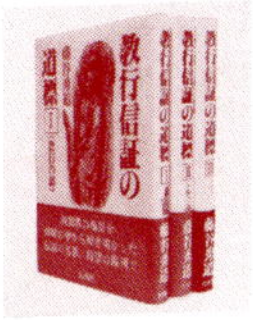

まぼろしの名著といわれ、知る人ぞ知る存在だった本書三巻が完結。親鸞の主著『教行信証』を、体験を通して読み、味わった信仰世界が語られる。難解といわれた『教行信証』が何を伝えようとしているのかを、しみじみと味わえる。三巻には師に導かれた同行の声も収めた。

アジアスケッチ
目撃される文明・宗教・民族
高山義浩
▼一五七五円

エコポリシーでいこう
小野田正美　大田安紗
▼一五七五円

きのくに歴史探見
海津一朗・編
▼一八九〇円

三つ子時代
妊治療と多胎児が家族を変える
井大輔
▼一三六五円

ラルハウスをつくろう
考えた住まいづくりのガイドブック
▼二五二〇円

トラブルが教えてくれたこと
弁護士を訪ねる前に読む本
石原即昭
▼一五七五円

シュタイナー村体験記
森下匡　福岡賢作
妻鹿恵　妻鹿満里子　森沢寛子
▼一五七五円

心の解体新書
心理カウンセリングをめぐる最新事情
黒田耕太郎
▼一八九〇円

ほおずきの夜
砂岸あろ
▼一五七五円

最新邪馬台国事情
寺沢薫　武末純一
▼一五七五円

三　甦る中世・南部荘

西行法師のとりもった縁

◇平成合併第1号

平成十六年十月、日高郡みなべ町が誕生した。日本一の梅の里「南部《みなべ》梅林」を誇る南部川村と、アカウミガメの産卵で名高い南部町との町村合併。和歌山県下の記念すべき平成市町村合併の先駆けであった。

旧町村の境目に南部インターチェンジが開通したのが平成十五年末のこと。大阪方面から高速道路はここ、みなべ町が終点になる。二月になると「一目百万本、香り十里」のキャッチフレーズのもと、観梅の群衆であふれる。白浜への行楽客、田辺の中辺路（熊野

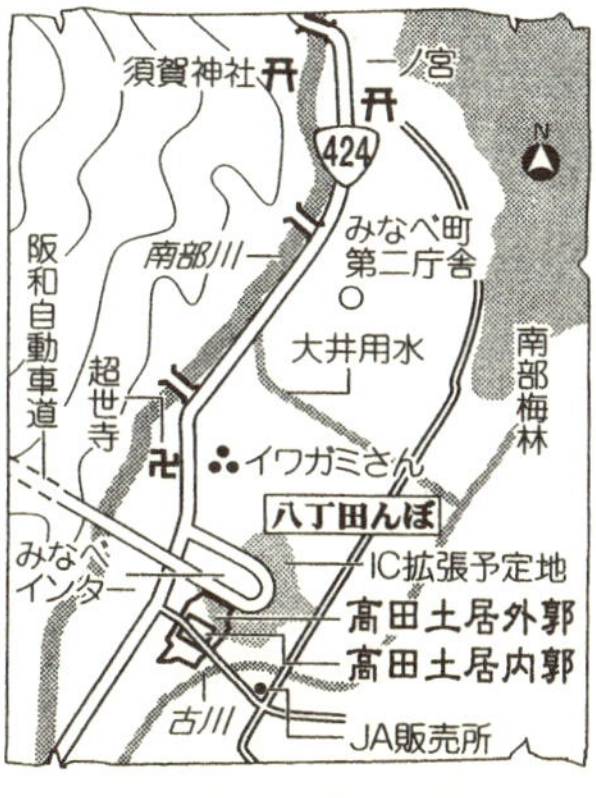

古道メーンルート）に向かう参詣者たちの経過点でもある。けれども、じつはこのみなべ町こそ、時空を超えて中世を体感できる魅惑のフィールドミュージアムなのだ。この町を歩いて「きのくに」先進の気質の由来を訪ねたい。

◇鳥羽上皇の隠し財産

中世を通じて、この地は南部荘《みなべのしょう》という高野山金剛峯寺の荘園だった。金剛峯寺に南部の地を寄進したのは、鳥羽上皇の娘である頌子《のぶこ》内親王で、五辻斎院《いつつじのさいいん》と呼ばれた女性である。頌子は鳥羽上皇の最晩年四十三歳の時に生まれた愛姫であった。けれど、その母は鳥羽上皇の后美福門院に仕える女房の春日殿だというから複雑である。鳥羽上皇は、后の侍女とただならぬ関係を結んでしまったことになる。

鳥羽上皇は、荘園制というシステムを全国に広め、中世の代を切り開いた政治家として知られている。なかでも南部荘は、鳥羽上皇から落胤の頌子に譲られたプライベートな隠し財産、「とっておきの場所」だった。これ以後、様々な歴史上の有名人が南部の地に関わってくることになる。

◇勧進聖・西行法師

春日殿・頌子親子と高野山金剛峯寺を結びつけたのはかの西行法師であった。西行は、

蓮華乗院だった大会堂の前に立つ西行桜

金剛峯寺に一大伽藍を建設するため、組織的な勧《かん》進《じん》活動（募金）を行っていた。春日殿・頌子親子はこれに深く帰依してパトロンとなり、南部荘を寄付したのである。

「亡き鳥羽上皇の菩提を弔うために高野山上に一堂を建ててはいかがか」と強く勧めたのが西行だった。こうして南部荘の地は金剛峯寺の寺領となり、頌子の死後すべての年貢（米五百石分）が高野山に運ばれた。

西行法師といえば、生涯を旅にすごした風流の歌人のように思われがちだ。だが、ここ南部荘では、もうひとつの素顔をのぞかせてくれる。歌人としての名声や中央政界での人脈を利用して、勧進活動に奔走する敏腕な事業家の風貌である。

◇蓮華乗院の西行桜

西行が春日殿・頌子親子の意向をうけて建立し

た堂舎は蓮華乗院《れんげじょういん》という。はじめは大伝法院（のち根来寺）方の高野聖たちの溜り場である東別所にあったが、治承元年（一一七七）に壇上伽藍の現在地に移された。今の大会堂《たいえ》がそれである。

ここは、金剛峯寺方と大伝法院方とがともに学ぶ学問の拠点となり、百二十人の学僧を擁す高野山上最大規模の中核伽藍として発展していった。鳥羽上皇の蒔《ま》いた種が、西行を介して高野山発展の礎として開花していったのである。

大会堂の前には、頌子と南部荘の秘められた歴史を偲《しの》ぶかのように「西行桜」が寄り添っている。頌子内親王が亡くなったのは承元二年（一二〇八）九月十八日のことであった。

東国が持ち込んだ巨大板碑

◇港の見える丘

ＪＲ南部《みなべ》駅から三鍋王子社、金比羅神社、安養寺とめぐり、最後に猪の山公園に上ろう。晴れていれば、ここから望む南部湾・鹿島《かしま》は絶景だ。猪の山公園では、板碑《いたび》の写真（三十六頁に掲載）を見せて「この板碑はどこですか」と聞けば、五十メートルほど高台にた

MEMO 千里の浜の奇跡

いまのみなべ町には西行法師との関わりを伝える史跡は少ない。けれど、「西行法師絵巻」をみていると、千里の浜に西行が庵を結んだ様子が描かれている。千里の浜は南部荘山内《やまのうち》に属す。山内地区は、はじめて頌子内親王が高野山に寄進したところであった。つまり西行が最初に寄進をうけた場所であった。

ウミガメの産卵で有名な場所だが、歴史の上では元弘元年（一三三一）の大地震で二十余町も陸地化したという「太平記」の記事で知られる。この奇跡は、鎌倉幕府の滅亡の予兆であると噂されたのだ。

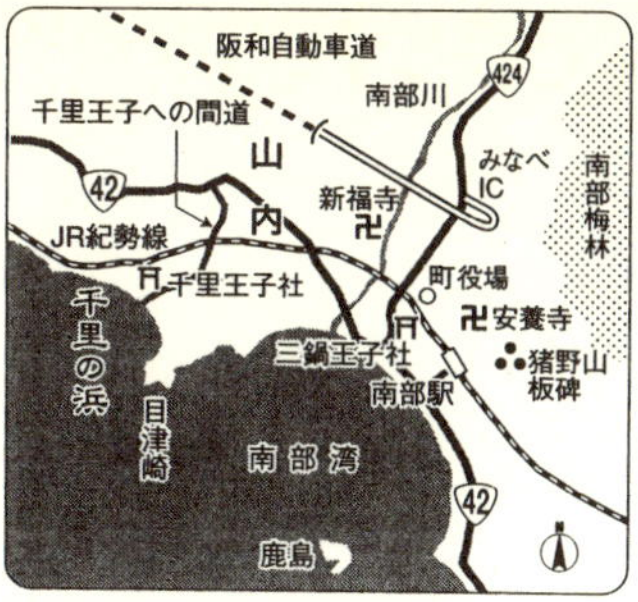

つ石碑まで案内してもらえるだろう。このコースは、鎌倉時代の巨大板碑めぐりの順路である。

板碑とは、板状に整形した石製の卒塔婆《そとば》、つまり小さいながらも塔なのである。上部の二条線、種字（本尊を表す梵字）、年号、造立者などが刻まれているのが基本の様式である。二条線は、五輪塔の空風火水土を表している。

みなべ町の海岸部（旧南部町域）には、横幅平均一メートル、最大高一・九メートルという地元の硬質砂岩製の巨大な板碑が二十基近く点在している。安養寺境内の六基は県の文化財に指定されている。猪野山の「港を見下ろす板碑」も、もとはここから運ばれたもので、「文永十年（一二七三）十二月」と刻まれている。鎌倉時代の巨大板碑がこれほど集中しているところは、紀伊半島（おそらく近畿地方にも）には他にない。

◇熊野水軍の本拠地

南部の地は、皇室の所領が高野山金剛峯寺に寄進された荘園だったが、現地の支配者は代々熊野別当《べっとう》家であった。かの有名な別当湛増《たんぞう》も、南部荘の下司《げし》（現地代官）であった。湛増は、東隣の田辺市を本拠とした熊野水軍の棟梁《とうりょう》であり、源平合戦の際には源氏に味方して平家一門を滅亡に追い込んだキーパーソンである。

田辺駅前の広場には湛増と弁慶のモニュメントが建っている。南部荘は、湛増率いる西

猪野山の板碑から南部湾・鹿島を眺望する。裏面が墓石に転用されている。台座も板碑である

国最強の熊野水軍の重要基地のひとつだったのだ。

鎌倉幕府が成立し、承久三年（一二二一）に承久の乱が起こると、後鳥羽上皇方に味方していた熊野三山の勢力が没落した。この時南部荘も没収されて、鎌倉御家人の三浦一族の佐原《さわら》氏が地頭《じとう》になった。

三浦半島を本拠とする三浦一族は、関東武士団きっての海軍力を誇る水軍御家人である。執権北条《ほうじょう》氏と鎌倉幕府の主導権をめぐって争った最有力御家人でもある。南部荘の主は、西国の最強水軍から東国の最強水軍に変わったことになる。

三浦一族は紀伊国の守護職《しゅごしき》となったが、南部荘を事実上の本拠とした。関東の水軍にとって、ここは関西地方への玄関口となる太平洋海運の重要港湾・軍港だった。

◎中世東国のシンボル

宝治元年（一二四七）の宝治合戦で三浦一族が滅亡すると、南部荘地頭は二階堂氏をへて、北条一族名越《なごえ》氏へと移り変わる。ともに法曹官僚出身の鎌倉幕府の実力者であり、海外交易に熱心な海の御家人である。南部荘は、関西地方における鎌倉幕府の拠点「西国のなかの東国」であった。ここだけに巨大板碑が集中していた理由はこれと関わりがあるだろう。

中世の関東・東北地方は板碑の文化圏であった。とくに関東一帯には、埼玉県秩父《ちちぶ》地方

MEMO 板碑の不思議

鎌倉時代になると作られはじめ、戦国時代になると廃棄され埋められてしまう。板碑は中世という時代のシンボルである。みなべ町の板碑も、安養寺の旧地などの地下から偶然に発見されたものである。一度は廃棄されて埋められていたのだ。また板碑には、裏面には何も彫らない・書かないという様式上のルールがある。だから廃棄されて以後も、裏を使って墓石や記念碑や橋などに再利用される。猪野山の板碑は墓石と台座に、三鍋王子社境内の板碑は記念碑に利用されて伝来した。みなべ町にはまだまだ板碑が埋もれている可能性があるので、注意して石の裏を探し「西国のなかの東国」を発見してほしい。国民共有の文化財、見つけた方はかならず町教育委員会生涯学習課にお届けを。

産の青石を用いた武蔵《むさし》型板碑が約四万基も分布している。板碑は中世東国文化の象徴であった。鎌倉幕府の有力者達の拠点であった南部荘には、このような中世東国の嗜好《しこう》が持ち込まれたのである。

みなべ町文化財審議委員長山本賢氏らによって、町内の板碑の来歴がくわしく調べられている。猪野山の板碑も含めて、巨大板碑の大半は三鍋王子社から金比羅神社（安養寺旧地）にかけての一帯から出土したものだという。また地頭勢力の造立した「文永十年十二月」銘が三基あり、蒙古襲来直前の文永十年（一二七三）という年が大きな節目だったことも指摘されている。

三浦・二階堂・北条ら鎌倉御家人の本拠地・港湾都市が、板碑の出土した南部川の河口部一帯にあったのは確実だろう。

危機の時代と新興宗教

◇失われた中世都市

いま各地で中世都市遺跡に対する関心が高まっている。根来寺のところでも取り上げたが、近代的な思考とは異なる都市プランの発見が新鮮な驚きを呼んでいるのだ。

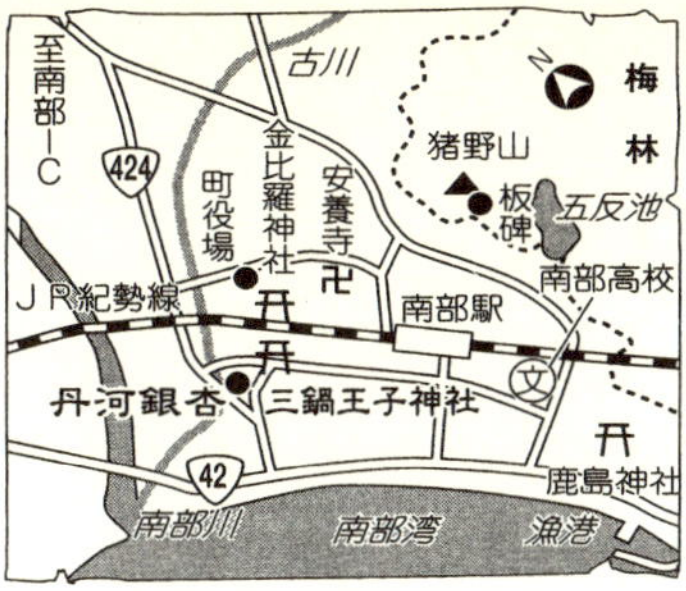

失われた中世都市を探す手がかりとして最近とみに注目されているのが「タンカ」という地名である。「タンカ」とは禅宗僧などの宿泊施設である旦過堂のことで、中世では旅人の公共施設として都市空間の中核になっていたという。事例をみると、特に港湾部の港町の事例が多い。

みなべ町にも小字「丹川」に丹河地蔵堂がある。三鍋王子神社の参道（通称ババ）の一角、地元では丹河の大銀杏《いちょう》で知られている。江戸時代の帳簿には「旦過」となっているから、中世の旦過堂に系譜をもつことは確実である。

三鍋王子神社は熊野参詣道に接しているからまさしく人々の往来する門前宿の中心部にあたる。鎌倉時代には下川原王子とも呼ばれており、南部川河口の川原であった。この近辺から板碑《いたび》が出土しており、三浦氏・北条氏など東国地頭の本拠地があったことは前項で見た通りである。

◎百七十四人の信者集団

平成十六年のはじめ、中世都市みなべの片鱗《へんりん》をうかがわせる古文書が京都の清水寺から発見された。

唐招提寺の円覚上人導御《どうぎょ》の勧進帳、すなわち鎌倉時代の半ばに全国の都市部で教線を拡大した新興勢力、真言律宗教団の信者リストである。律宗は奈良時代の南都六宗の一つであるが、叡尊《えいそん》、忍性《にんしょう》、導御ら社会事業を推進した改革派勧進僧によって復興された。蒙古襲来の不安な世相のもとで爆発的に流行した新興宗教である。

導御は、京都の壬生狂言を創始した律宗僧として著名であり、各地をめぐって十万人に融通念仏を布教したことから「十万人上人」と呼ばれた。

今回の新発見文書により、信者たち十万五千六百九十一人の地域・人数・布教時期が具体的に明らかになった。その内訳は山城国八万五百五十四人▽大和国一万四千百十七人▽河内国一万四百七十二人▽摂津国三百七十四人▽紀伊国百七十四人――である。

信者は導御の拠点である奈良、京都、大阪周辺の都市に集中し、それ以外の地域は紀伊国の百七十四人のみ。そのすべてが南部荘の人々であった。勧進帳には「紀伊国日高郡南部荘　百七十四人」と記される。南部荘は、奈良・京都など畿内都市と直結した特別の場所だったのがわかる。

◎異国降伏の祈り

新発見文書によれば、導御が南部荘で布教活動をしたのは、文永八年（一二七一）から建治二年（一二七六）の間のことである。ちょうどこの時期、南部荘では地頭勢力によって「文永十年」銘の板碑が造立されている。おそらく、導御の率いる律宗教団が、南部川の河口の港湾、旦過堂のあたりで大々的な興行をおこなったのであろう。

三鍋王子神社の参道沿いの丹河地蔵堂の大銀杏。高さ25メートルの県指定記念物。中世の旦過堂のなごりだ

勧進帳に名を連ねた百七十四人の中には、板碑を建てた蓮仏夫婦ら鎌倉幕府の地頭勢力も混ざっていたはずである。宗教的な熱狂のなかで、財力のあるものは巨大板碑を造立して信心を表出したのに違いない。

文永・建治・弘安の元号からも想像されるように、この時期はモンゴル帝国のフビライ＝ハンから、服属を迫る牒状《ちょうじょう》（外交文書）が何度も送られてきた危機の時代である。導御ら律宗教団は不安な世相を背景に、異国降伏の祈禱《きとう》（呪詛《じゅそ》）を全国で興行して信者を広めていた。日本の神々に国土を守ってもらうという中世の神国思想の布教である。

鎌倉幕府は、戦争指導を円滑にするため、このような律宗教団を手厚く保護した。南部荘は関西地方における鎌倉幕府の拠点軍港、異国征伐の前線基地であった。熊野水軍を率いた南部荘地頭勢力が、博多をめざして出陣していったに違いない。導御が南部荘を布教の基地に定めたのはそのためだろう。丹河の大銀杏、文永の巨大板碑群には、失われた中世都市の記憶が刻みこまれているはずだ。

MEMO　湛増の賄賂

中世の南部荘の年貢は米五百石。このうち三百石は現物納、二百石分は換金して代銭納（だいせんのう）と決められている。この原則は高野山金剛峯寺の所領だった中世を通じて変わっていない。なぜ二百石分だけが現金なのだろうか。鳥羽上皇の初め、南部荘の年貢は三百石ぽっきりであった。荘園の現地管理である下司職は、田辺を本拠とする熊野別当湛快がつとめていたが、子の湛増の代になって湛政との兄弟争いが起こった。湛増は、下司職を確保するために二百石を上積みして総計五百石で請け負うことにしたのである。こうして、南部荘の評価額は一挙に一・六倍に跳ね上がった。湛増が増やした二百石はいわば鳥羽上皇への賄賂であり、それが米ではなくて銭で別立てになったのである。

イワガミさんが語る時代

◇「みなべ」の由来

和歌山県「平成大合併」の先駆けとなったみなべ町。平仮名の新町誕生によって、南部を「みなべ」と読むギネスブック記載の難読地名がひとつ消えた。本来みなべには三名部・美奈倍・三鍋など様々な漢字が当てられていた。南部の当て字が広く定着したのは中世のころ、高野山領の南部荘となって以後のことである。一千年近く普及していた歴史的漢字地名の消滅は少し残念である。

みなべの地名由来については古来様々な解釈がある。地元研究者の山本賢氏が新著『三名部・南部・三鍋雑考』の中で詳細に分析している。これを読むと、語源考証自体よりも各時代ごとにどのように認識されてきたかの方が重要だとわかる。現在、地元の若い世代の間では「イワガミさん三鍋説」という地名語源説が流布しているようだ。

◎現代の神話

イワガミさんは、三つの巨石で、大字筋の耕地の畦《あぜ》部分にある。国道四二四号沿いのスーパー駐車場の北側の小道を行くと右側に標識が見える。地元では星が落ちてきたもの、動かすと祟《たた》りがあったので御神体として祀ったと伝承する。この一帯は小字《こあざ》地名が岩神であり、イワガミさんはその南の境目にある。隣家では正月には注連縄《しめなわ》を張って餅を備えたという。

「イワガミさん三鍋説」というのは、三つの鍋を伏せた形状なので三鍋《みなべ》が地名の語源に

話として甦ったようだ。

して写真入りで紹介された。星降る神というイワガミさんの伝承は、平成合併の新しい神

なったというものだ。この説が、旧南部川村の教育委員会編纂の副読本に「みなべ石」と

◎八丁田んぼ

平成十三年の夏、高野山金剛峯寺から鎌倉時代の南部荘の検注帳類（課税台帳）が大量に発見された。この新発見の古文書により、みなべ町の「八丁田んぼ」の成立事情がくわしくわかった。

「八丁田んぼ」とは、広大な南部平野に広がる耕地群の総称であり、梅畑に切り替えられる以前はすべて美田だった。しかも条里水田という大型方形地割の歴史的な耕地である。「八丁」とは巨大な耕地を表す美称であり、「無限の」という修辞句。つまり、水田の少ない紀伊半島では南部平野の条里は羨望の的だったのである。

新発見の帳簿は、関東からやってきた三浦氏が支配していた一二四〇年代のものだが、八丁田んぼ一帯の地名や耕作者名が詳細に記述されている。現在の小字地名はほぼすべて鎌倉時代に遡る地名であり、インターチェンジ周辺の条里地割は荒地になっていたことなど、中世の風景が復元されたのである。

「石神《いわがみ》」についても詳しい記載がある。ここは条里耕地の末端部であったこと、領主の

八丁田んぼの西端にあるイワガミさん。みなべ（三鍋）の地名の由来ともいわれる

直轄領「小三郎名《みょう》」に指定されていること、渇水・飢饉時にも関わらず満作の水田であったことなどが記されている。そして、かのイワガミさんは条里耕地である「石神坪」とその外部の「下石神坪」との境目を示す境界石だったことがわかった。

◎中世人の心を語る

イワガミさんの場所は条里耕地の境界線を示し、「動かすと祟る星神」という伝承は中世の人々の境界観念を反映している。イワガミさんは、古代・中世に遡る「八丁田んぼ」開発の歴史の一断面を鮮やかに伝えてくれる。これは一例にすぎない。八丁田んぼの耕地には土地に刻まれた歴史、時空を超えて伝承され、心に刻まれた歴史がここかしこに残っている。

インターチェンジの建設にともなって、八丁田んぼの南半分は圃《ほ》場整備が行われて、条里耕地は姿を消した。イワガミさんの一帯も、新しい排水路の敷設や地盤改良の波に襲われ移設の話もあった。

しかし、紀伊半島を代表する条里耕地「八丁田んぼ」のシンボルとして、古代・中世の開発の歴史を体感する教材として、イワガミさんはかけがえのない文化遺産であろう。フィールドの中で現位置で保存しなければいけない。もしハコモノのなかに動かしてしまったら、「動かすと祟る星神」の歴史が永遠に失われてしまう。中世の人々にとって、

MEMO 港湾都市ネットワーク

新発見の帳簿には鎌倉時代の南部荘の地名だけではなく、年貢を課税された住民の名前も列挙されている。その数はのべ五百余人に及ぶ。徳蔵・熊岡・山田・上城・井乃など町内の大字小字地名を名乗る人々が多いがそれだけではない。雑賀・糸我・日高・高家・財部・目良・新宮など紀伊半島の重要港湾名を苗字にしている有力者がかなり南部荘に居住している。鎌倉時代の紀伊半島沿海部は、想像以上に海上交通が活発で、港湾の間で人の交流（移住に至る商取引や婚姻など）が密接だったらしい。南部荘だけの特殊性なのか今後の検討課題であるが、紀伊半島港湾都市間の海上ネットワークが存在していたことは確かであろう。すべての帳簿は『中世再現・一二四〇の荘園景観』に収録されている。

境界を超えるという行為がどれほどの恐怖をもたらすものであったか、語ってくれるのはいまや南部荘だけかもしれないのだ。

フィールドミュージアムのシンボルとして、みなべ町はここに第一番目の案内板を作っている。正月には周囲に注連縄で神聖な結界《けっかい》を張ったという時空に思いを馳せてほしい。

住民自治のパワーと伝統

◎検注を拒否した人々

仁治一年（一二四〇）九月、荘園領主の高野山金剛峯寺は南部荘に検注（土地調査）使節を派遣した。この年は年頭から異常気象で雨がほとんど降らず、八丁田んぼ全域が大旱魃《かんばつ》となった。

使節は被害状況を調査して年貢額を減免する任務をもつ、いわば「善政の施し」の使節のはずだった。この年、それぞれの領主が各地に派遣し、現地で歓待されていた。ところが、ここ南部荘では惣百姓中《ひゃくしょうちゅう》（住民組織）が「大変な損害なのは調査せずとも一目見ればわかるだろう」と主張し、使節の立ち入り自体を拒絶して追い返した。

百姓中の強硬な姿勢の前に、領主金剛峯寺はこの年の年貢を課役ごとに一律で半分から

大井用水の取水口付近。庚申さんのかたわらの巨木が目印（道の駅よりのぞむ）

三分の二に免除せざるをえなかった。ふつうは百姓中の側から検注をお願いして領主がしぶしぶ認めるのであり、このような例は見たことがない。自然災害下でもしぶとく年貢を取ろうとする領主に対して、ひとり南部の百姓中は敢然と立ち向かったのである。

◇「君が代始め」

検注事件の数年前のこと、南部荘本庄地区の百姓中が連署申状《もうしじょう》（訴状）を出した。「本庄鎮守社の一ノ宮で、百姓中主催の月二回の神事祭礼を始めたいから領主が費用を出してほしい」というのが要求内容である。領主の代官は「前例がないから」と認めなかったところ、百姓中は再度の申状で次のように主張した。「たとえ前例がなくても、君が始めて訪問した年ではないか。認めて当然だろう」と。

つまり、荘園領主の世代が交代し、去年はじめて南部の地にやってきた「君が代始め」の年だから古い代の例は関係ないというのである。中世では「領主の代始めには世の中が変わり、善政を施さねばいけない」と考えられていた。南部本庄の民衆は、これを逆手にとって自己の要求を貫徹しようとしたのだ。

一ノ宮には年貢免除の祭礼料水田が認められ、これが惣百姓中の団結を物心両面で支える裏付けとなった。一ノ宮（日吉神社）はいまも大字東本庄本郷地区の鎮守として祀られている。

◇惣鎮守の誓い

文安四年（一四四七）三月五日、南部荘の惣鎮守である須賀神社（中世御霊宮・祇園社）で惣百姓中の置文《おきぶみ》（成分法）が作成された。

置文は惣鎮守の所有する宮山や運用についての八箇条の取り決めであり、縦六十、横三十センチの板に書き付けられている。五箇条目で「守護所もこの御前《ごぜん》の檀那《だんな》なり」と記して、一国の守護大名（当時畠山一族）も保護すべき旨を定めている。鎌倉時代一ノ宮の神事田が、惣鎮守須賀神社の惣有山という全荘規模の組織に発展していたことがわかる。

日本史教科書に「惣の自治」として記されるものの実例であるが、十五世紀前半段階の惣荘置文木札というのは非常に早い事例である。この置文は、江戸時代に小祠獅子殿の木扉として再利用され、棟札類とともに伝来した。平成十一年東京大学の村井章介・五味文彦ゼミの調査時に内容が注目され広く世に問われたという経緯がある。

◇起請塚の真相

須賀神社の境内、本殿に向かって右端のところに起請塚《きしょうづか》の標石がある。これは、南部荘の惣百姓中が一揆を起こして荘内の平須賀城《へいすが》（須賀神社の真北一キロ地点）の城主野辺氏（守護畠山氏の重臣）を攻めた戦国時代の「遺跡」である。

MEMO 謎の大井用水

住民自治のパワーは領主との闘いばかりではない。広大な八丁田んぼを開墾するという自然との闘いにも発揮された。町立うめ振興館の南側に大井《おおゆ》と通称される用水路がある。同館の屋上から俯瞰すると、南部川の堰と取水部の水路の位置関係がわかる。この大井用水は、南部川から取水して晩稲地区（中世山田村）の古川につなぐ約一キロの横断用水である。大井の開削によって、八丁田んぼの中心部分の水量が安定して旱魃に強い地域社会ができあがる。三年前に改修工事があり測量された。取水部・流末部の落差はわずかに一メートル足らず、部分的に逆勾配にするなど決壊を防ぐ工夫が施され、非常に高度な技術であると現代の技師も舌を巻く。現在の八丁田んぼの三分の一強が大井用水を利用するが、その成立年は依然不明である。

惣鎮守である須賀神社に集まった各村の百姓中は、ここで連判の申状を認めて起請の儀式を行った後、申状を壺に入れて境内の馬場に埋めたという。起請の儀式とは、神前で団結を固める誓いの行為である。このとき申状は焼いてしまい、その灰を御神水（御神酒）に入れ参加者で飲み交わすのが作法である。

このときは、あえて焼かずに境内の一角に埋めたというのだ。中世では地中に埋めるという行為は、神の世界へ届けることを意味する。南部の民衆は、一揆の蜂起に際して、不退転の意思表示を行ったのであろう。

検注拒否から土一揆まで中世南部荘は地域自治・住民運動の歴史の博物館である。町村合併第一号の選択は、この伝統とどこかでつながるのだろうか。ともあれ元気と勇気の欲しい人は、フィールドミュージアムを時空散歩してぜひ追体験を。

中世城郭「高田土居」の謎

◎2・27みなべシンポ

平成十二年の二月二十七日、和歌山大学の海津研究室が主催してみなべの地で「高田土居」に関する学術シンポジウムを開催した。全国から手弁当で集まってくれた研究者は七十余人、歴史学・考古学・城郭史・民俗学など多分野にわたった。「高田土居」はそれほどまでに研究者を魅了した中世城郭遺跡であったのだ。

中世城郭というと歴史好きの人はふつう山城を思い浮かべる。南部荘にも土一揆に攻められた山城の平須賀城《へいすが》（大字西本庄）がある。だが、高田土居は南部湾から一キロあまりの八丁田んぼの南端、標高六メートルの平地に築かれた方形居館（南北五十メートル×東西七十メートル）の平城《ひらじろ》である。

高田土居という呼び名は地元の人々の通称であり、古文書の中では「高田要害」「高田城」などと見えている。この高田土居が、みなベインターチェンジの敷設によって破壊の危機を迎えた。和歌山県下では、このような平地の中世方形居館は他に残されていないため、慎重な発掘調査を実施することになった。

◎論争渦巻く！

県文化財センターの発掘調査によって、意外な事実が判明してきた。方形居館と思われていたのは近世の本丸に当たる内郭《ないかく》の一部に過ぎず、その外側には外郭が広がり巨大な外堀で二重三重に囲われていたのである。城に入るための木橋や土留めの材木類も発見された。2・27シンポでは、高田土居の発掘成果をめぐって大論争が巻き起こった。なぜ、守りにくい平地部にあえてこんな城を築いたのか。守護畠山氏の本拠で紀伊半国《はんごく》の守護所

みなべインターチェンジの一帯にあった「高田土居」。自動車道土手付近から手前にかけて広がっていた

（奥郡守護所）という説も出た。これだけ巨大な居館は、京都に基盤をおく守護大名でなければ築けないという解釈である。

これに対して、肝心の内郭が小さい上に遺物の出土量が少ないという批判も出た。巨大な堀は船留めで、川と海をつなぐ港湾施設説、海岸からの津波を防ぐ危機管理施設説、八丁田んぼを開発するための水位調整施設説、みなべ鍛冶の本拠地「製鉄鍛冶工房」説などが次々と提起され、議論が深められた。高田土居のある「場所」のもつ意味が深く検討されていったのである。

◎「地域」から読み直す

これまで中世のみなべの風景を紹介してきた。土地・水路に刻まれた歴史や伝承、住民自治や関東との交流を示す史跡など、みなべに行けば中世が生きている。このような発見は、じつは高田土居をめぐる論争を糸口にして、古文書や現地調査をくりかえした結果わかったことばかりである。

城というと、つい単純に軍事基地とだけ考えがちである。だが、地域に即して住民の視点から城の役割を見直さなければいけないというのが、2・27シンポで出された意見であった。

発掘調査を主担当していた渋谷高秀氏（現埋蔵文化財課長）は、このようなさまざまな提言を踏まえつつ、周辺環境（耕地・水利・交通）との関係に広く目配りした調査を続けてきた。そして、つい先日正式な発掘調査報告書が刊行された（『高田土居城跡・徳蔵地区遺跡・大塚遺跡』和歌山県文化財センター）。考古学上の結論は、室町時代の京都系の守護所（軍事拠点）で、十六世紀後半には廃絶して全面が鋳物工房になったという。非常に興味深いことだが、全国の研究者に報告書をチェックしていただきたい。高田土居の発見によって、中世城郭の研究水準がいっきに上がったことはまちがいないだろう。新町の教育委員会には、是非保存と活用の工夫をお願いしたい。

MEMO フィールドミュージアム

文化財というと博物館に展示する「お宝」という個別優品主義の風潮が依然として根強い。紀伊半島霊場のユネスコ世界遺産登録のように、文化景観自体を保存するという新しい発想が必要である。地域の光のなかで保存・活用し、歴史的風景を再現するというトータル空間主義の文化財行政。みなべ町は、失われた世界――中世の音・光・風・時間を感じることのできる数少ない中世フィールドミュージアムだ。観梅の折には是非忘れず時空散歩を。

インターを降りる際は、高速道路が高田土居の外郭に乗っており、南の県道（上富田南部線）が内郭の対角線を貫通しているという位置関係をお忘れなく（地図参照）。

四　紀ノ川荘園

最古の石造堤防の眠る里

◇畿内の玄関口

国道24号沿いのかつらぎ町「道の駅」の名は「紀ノ川万葉の里」。鉄道を使えばJR和歌山線の笠田《かせだ》駅と西笠田駅の中ほどになる。その名の通り、紀ノ川を挟んで南に妹山《いもやま》、北に背山《せのやま》が迫り、中洲に船岡山（地元ではヘビ島）が浮かぶという景勝の地で、妹背山《いもせやま》として「万葉集」にも詠まれた。

奈良に都があった当時、ここは畿内と地方の境界であった。妹背山から東側（伊都郡側）は畿内、西側（那賀郡側）は畿外の田舎というわけである。出会いと別れの交錯する

都の玄関口で、高ぶる心情が妹背山の詩に詠み込められたに違いない。その一方で、畿内の入り口は軍事上の要衝地でなければいけない。この点で妹背山の自然地形、すなわち両岸に迫る岩山と中州の巨島に守られた紀ノ川の狭窄《きょうさく》部はうってつけであった。まさしく天然の城門というにふさわしい。

けれども、外敵から都を守るに利する妹背山の地形は、災害の防止という点で大変困った問題を誘発した。大河である紀ノ川上流部が増水したとき、この狭窄部で河流が塞《せ》き止められて逆流し、現在の「道の駅」一帯が水没するという大被害を受けたのである。

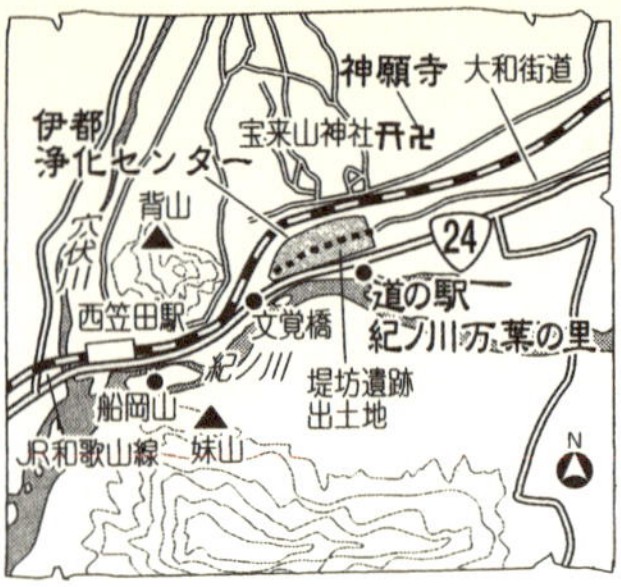

◎地下に眠る遺跡

国道24号をはさんで「道の駅」の向かい側に伊都浄化センターがある。橋本市からかつらぎ町にかけての広域下水道処理施設として平成十三年から稼働している。

このセンターを施設見学すると、南側の機械棟と北側の沈殿槽の間に四十メートルほどの帯状の空閑地があることがわかる。空閑地の東へ向かっての延長線上に大和街道が残っている。実はこの東西の空閑地から、ほぼ大和街道に沿う形で総石積みの護岸堤防が出土したのである。

背山のたもとの文覚橋まで、八百メートルにも及ぶ大規模な護岸堤防であり、高さは二メートルほどで、水勢を弱めるための刎《はね》（張り出し部分）も三カ所確認された。

伊都浄化センター敷地内の空閑地。右手に機械棟、左手植え込み越しに沈殿槽がみえる。この地下に中世に遡る紀ノ川の石造堤防が眠っている

わずかな出土遺物によって十六世紀後半から十七世紀にかけての築造と推定され、現在のところ石造の河川堤防としては日本最古の遺跡である。水田面の地下四メートル、氾濫《はんらん》によって埋もれていたのである。センター敷地内の空閑地部分の堤防（第一次調査地区）は、二百メートルほど全面発掘された地点であり往時は壮観であった。管理棟のロビーには調査当時の写真パネルも展示されているので、見学の折には見逃すことのないようにしてほしい。

◎甦る防災対策遺跡

調査が進むにつれ、堤防遺跡は全国的な注目を集め、歴史学界からも保存の要望が出された。これをうけて県教育委員会では調査委員会を立ち上げて、周辺の紀ノ川沖積地一帯の総合調査を実施した。地元の学芸員・教員によって堤防研究を専

門とする学会等も作られた。こうして、センター敷地の設計が変更されて、堤防遺跡の一部が破壊されることなく埋め戻して保存されたのである。平成十年の出来事であった。

現在、地震にともなう洪水や津波など、自然災害に対する取り組みが焦眉の課題となっている。とりわけ和歌山県では、東南海・南海大地震への危機感から防災意識はかつてなく高まっている。山野河海などの自然と闘い、かつ共存してきた先人の知恵と技術には学ぶべきことが多い。

最古の河川堤防を保存するという九年前の和歌山県の決断は、まことに先見の明を持ったものであった。景勝の地にして首都防衛の地の「紀ノ川万葉の里」は、度重なる洪水との闘いの歴史を刻んだ野外史跡でもあった。いまこそ防災対策遺跡として広くアピールし、活用すべき時ではなかろうか。ましてや、ここは日本一有名な荘園・桛田荘《かせだのしょう》であり、自然との闘いにまつわる様々な伝承の生きている中世フィールドミュージアムなのである。

文覚伝説　水争いに威力

◇怪僧文覚の遺跡

紀ノ川と穴伏川《あなぶし》に挟まれた三角地帯は著名な中世荘園、神護寺領の桛田荘《かせだのしょう》であった。い

MEMO　神護寺領桛田荘絵図

堤防遺跡が全国から注目された理由のひとつは、ここが京都神護寺の荘園・桛田荘だったからである。妹背山の一帯は、日本史教科書に載っている「神護寺領桛田荘絵図」（重要文化財）に描かれている。ここを知らない中学生・高校生はいないという日本史の舞台だ。妹背山だけではなく、宝来山神社と神願寺が仲良く並んでいるところなど、絵図に描かれた中世の風景そのものが残っている。伊都浄化センターの施設見学用パンフレットにも教科書と同じく絵図の写真が掲載され、簡単な解説がある。なお、施設見学の際は必ず事前にお問い合わせを（TEL０７３６・２２・２２４１）。

まは笠田の字をあてている。

後白河法皇がこの地を京都・高雄の神護寺に寄進したのは、源平合戦さなかの寿永二年（一一八三）のことだった。法皇に寄進を勧めたのは真言宗の僧・文覚《もんがく》上人、神護寺復興を推進した勧進僧であった。俗名は遠藤盛遠《もりとう》、当初は院北面の武士（朝廷直属兵士）だったが、恋愛関係のもつれから殺人事件をおこして出家。後白河法皇に寵愛《ちょうあい》されたが、分に過ぎた言動が多く流刑となる。

その後も伊豆に赴き源頼朝に挙兵を勧めたという。源平争う内乱期、後白河、頼朝という東西の王の政策決定に深く関わったキーパーソンである。

ここ桛田荘の故地には、怪僧文覚にまつわる史跡・伝承が色濃く残っている。神願寺では上人命日の七月二十二日に毎年文覚祭を行う。第二次大戦後の一時期まで、寺の裏山の土俵で子供たちが相撲を奉納した。怪力の文覚が相撲を愛好したことに由来するというが、いまはけがの恐れがあり大学相撲部も減ったので絶えている。伊都浄化センターの西隅にあった文覚橋も、上人の霊験により川道を静めて架けたものだ。

◎神殺しの世界

桛田荘には昭和四十七年県の史跡に指定された用水路・文覚井《もんがくゆ》がある。荘園の北側を流れる穴伏川の最上流から取水して、尾根を越えて宝来山神社境内にいたり、紀ノ川側の段

穴伏川の上流、堰（取水口）付近の文覚井一の井。国道480号の付け替え工事で暗渠化の危機にあった

丘上の耕地を灌漑《かんがい》するという全長約五キロの長大な用水路である。長さだけではない。穴伏川の段丘崖《がい》沿いを流れて、風呂谷川の源流に滝となって落ち込み、そこから川の左右に分岐して延々南下する。巧みな測量技術である。

荘園中心部からみると、あたかも豊富な水が山を越えてやってくる奇跡のようにみえる。文覚上人が工事を指導して造ったと伝承されて文覚井と呼ばれた。滝は上人滝、途中の補充池は上人池、下流には文覚二の井、三の井、管理施設は文覚堂（茶処《ちゃじょ》）など、関連施設もそれぞれ文覚ゆかりの名付けがなされた。

アニメ映画「もののけ姫」にみられるように、中世の開発とは神の化身である動物の世界への挑戦つまり「神殺し」だった。このような開発事業は財力・技術力だけではダメで、自然の神々を統御できるだけの高い霊力が必要とされたのである。奇跡の用水は、優秀な勧進僧であり、かつ卓抜した霊験を誇る文覚上人だから作れた——人々はそう考え納得したのだろう。

◎文覚井の真相

最近、和歌山井堰《せき》研究会の前田正明氏（和歌山県立博物館学芸員）が、文覚井について興味深い新説を唱えた。

桛田荘のできたころ、県指定史跡の文覚井（一の井）はまだ開削されておらず、下流にある二の井（移井《うつりゅ》）だけだったというのである。前田仮説がきっかけとなって、文覚伝説の成立時期や穴伏川にある井堰の全体像を検証しようという機運が高まった。

井堰研究会は、文化庁・県の荘園調査事業の補助を得て、平成十五年に穴伏川の西岸十本、東岸四本のすべての用水路を詳細に調査した。その結果、文覚井という呼称の初見は宝永六年（一七〇九）、現在のように山越えする三本セットで文覚井と呼ばれるようになるのは、穴伏川西岸の村々との水争いが激しさをました十八世紀のこととわかった。つまり東岸の桛田荘七村が、西岸の村々との水争いを有利にするため、自領の用水路を史上著名な高僧に結び付けて喧伝《けんでん》したのである。

これが功を奏したか、桛田荘側は穴伏川に強い水利権を確保し今日に至っている。調査の最中、西岸の人々が「あちら側は有名な文覚上人の作ったすごい溝だから」という物言いをするのを何度も聞いた。江戸時代の初め、「神護寺領桛田荘」「文覚上人」という過去の歴史が地域のために呼び醒まされたのである。

農業構造の変化により、激しい水争いが過去のものとなった今、文覚二の井、三の井はもちろん、穴伏川のすべての井堰を追加指定して農業用水の歴史博物館「水の駅・文覚井の里」にしてはいかがだろう。

MEMO 三つの文覚井

現在県指定史跡となっている文覚井は一の井だけだ。今は廃絶しているが、二の井、三の井も山越え・山廻りして三本セットになって桛田荘中心部耕地を灌漑する。二の井の東向きルート（オカイデ）は木戸口地区に優先権があり、途中の耕地は使用が制限される。一の井の西向きルートも渇水時には樋をかけて逆流させ木戸口地区まで水を回すという。古文書に残りにくい慣習にも注意して、のちに文覚井と名付けられた中世桛田荘用水系を再発見しよう。ともあれ、まずは県指定史跡の文覚井にお越しあれ。

先駆者は〝悪党〟荒川一党

◎フロンティアに挑む

今回の舞台は、紀ノ川・貴志川の合流点から竹房橋の狭窄部《きょうさく》にかけての広大な氾濫原《はんらん》。連続堤防が築かれる以前は、河原に中洲の島や芝地が点在する荒涼とした光景だったことだろう。ここは、北に田中荘、南に荒川荘、西に吉中荘《よしなか》に囲まれた「無主《むしゅ》の地」、つまり所有権の明確でない共有地であった。

鎌倉時代の半ば、荒川為時《ためとき》・吉中良継《よしつぐ》ら周辺荘園の住民たちが、この河原の開発に挑んだ。彼らは、中洲の島に市場を立てて二つの河川を行き交う物資輸送船を経営した。その利益によって、築堤工事をして紀ノ川を統御し、その南に「大井《おおゆ》」と呼ばれる巨大な用水路を開削した。大井によって、島と芝地の荒野は、肥沃な耕地に生まれ変わった。こうして荒川為時一党の勢力圏は紀ノ川に沿って拡大し、上流の神護寺領桛田《かせだ》荘（かつらぎ町）まで、那賀郡全域に及んだ。

◎弘法大師の神話

土木工事の成功によって巨利を得た荒川為時らに対して、領主である高野山金剛峯寺が

MEMO 日本最古の棚田

今回紹介した荒川井用水の取水口付近は、日本最古の棚田（谷水田）のあるところとしても有名だった。日本の原風景を追究する学際的な学会・棚田学会によれば、オイノ池の下の谷水田が応永十三年（一四〇六）の文献に現れる日本最古の棚田「山崎タナ田」なのだという。あろうことか昨年、百合山に至る新道の付け替えで池・谷ごと削平されてしまった。悪党とさされながらも、郷土の発展のために命を削った真の開発者たちの事績を今こそ思い起こすべきときではなかろうか。

クレームをつけた。

「貴志川から東、紀ノ川から南はすべて弘法大師が丹生《にう》明神から譲られた聖地だから返還しろ」というのである。住民たちが自らの知恵と工夫で作り出したフロンティアを、荒唐無稽《むけい》な神話の力で奪い取ろうという魂胆であった。時あたかもモンゴル襲来の時期であり、神仏の権威は絶大であった。

荒川為時らは、抵抗を決意し、市場・大井の一帯を実力で占拠した。怒った金剛峯寺勢力は、為時らを「神に逆らう悪党」として呪詛《じゅそ》し、孤立させた。正応四年（一二九一）七月二十七日深夜、高野山上で蜂起した数百人の寺僧が荒川為時らの本拠地を襲撃し、四十軒を焼き払って略奪の限りを尽くした。さらに、鎌倉幕府に対して、荒川悪党為時の鎮圧を要求した。

幕府は、京都の出先機関である六波羅探題《ろくはらたんだい》から警護の武士を派遣して、荒川為時らを攻撃させた。幕府の威信をかけたこの戦争は「紀州御合戦」と呼ばれている。永仁二年（一二九四）、荒川為時は滅亡した。時代の先駆者たちは、悪党のレッテルを張られたまま、国家権力によって抹殺されたのである。

◇悪党の検証と顕彰

歴史の闇に消された先駆者たちの足跡を訪ねよう。新竹房橋のたもとを流れる荒川井用

荒川大井のかつての取水口付近。正面に地蔵橋がみえる。左手の丘陵部にあった日本最古の棚田は新道の工事で消滅した

水が「大井」である。現在は百合山の地下をトンネルで上流の荒見井用水につなげているが、もともとは新竹房橋の付近に堰《せき》があった。交易活動の拠点となった市場集落は、八坂神社を中心とする段地区の一帯。八坂神社は市の神であった。

荒川井用水が二又に分岐するあたり、現在の地蔵橋付近に地蔵堂があったという。「金剛峯寺側の荒川の人が追いかけてきたら地蔵堂のもとで我らが防ぐから、その隙《すき》に山へ落ち延びよ」と、荒川為時・吉中良継が仲間たちに語っていた防衛ラインである。

新竹房橋のたもとの道から、百合山の展望台にのぼろう。紀ノ川・貴志川の合流する三角地帯が一望できる。一面田んぼと桃畑になった現在の桃山町から、荒涼とした河原の世界を想像するのは難しい。桃の花の季節には、一面が桃色のじゅうたんとなる。

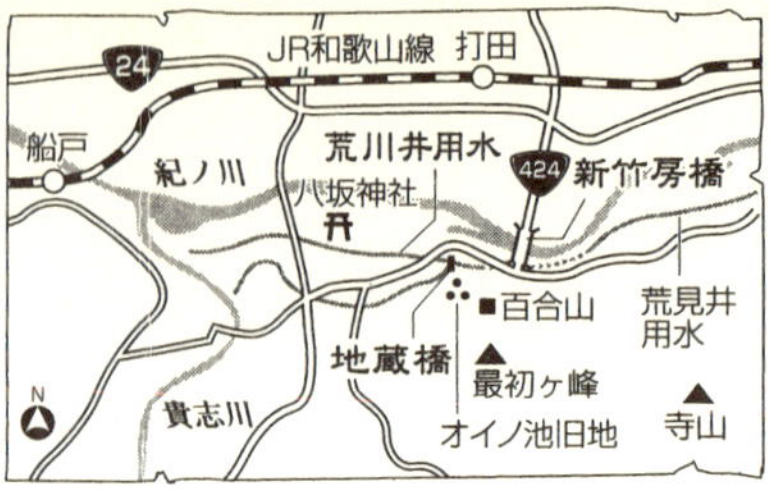

百合山の山頂、最初ヶ峰は、南北朝時代に南朝勢力がこもった山城があったという。その東側に寺山という高台がある。荒川為時の帰依した天台宗霊場・高野寺《たかのでら》があったところである。この地こそ、鎌倉幕府の軍勢によって追い込められた先駆者たちが無念の最期をとげた「荒川悪党終焉《しゅうえん》の地」である。

この事件の四十年後、河内国悪党楠木正成《くすのきまさしげ》が千早《ちはや》・金剛山城にこもって鎌倉幕府を滅亡に導いた。荒川為時は、四十年早すぎた正成だったのである。

第2章

古建築が秘める歴史ものがたり

◉鳴海祥博

一　紀州東照宮

華やかに彩られた「和様」

熊野詣でや高野参詣、西国巡礼など、きのくにには古くから多くの人々が訪れ、それとともにさまざまな文化がもたらされ、根付いてきた。和歌山各地に残る多くの古建築にはそんな歴史の一コマが秘められているに違いない。第二章では、古建築を訪ねながら、それらが語る物語に耳を傾けてみたい。

◇徳川頼宣の入国

元和五年（一六一九）七月、徳川家康の十男頼宣《よりのぶ》が紀州に入国した。徳川御三家紀州五

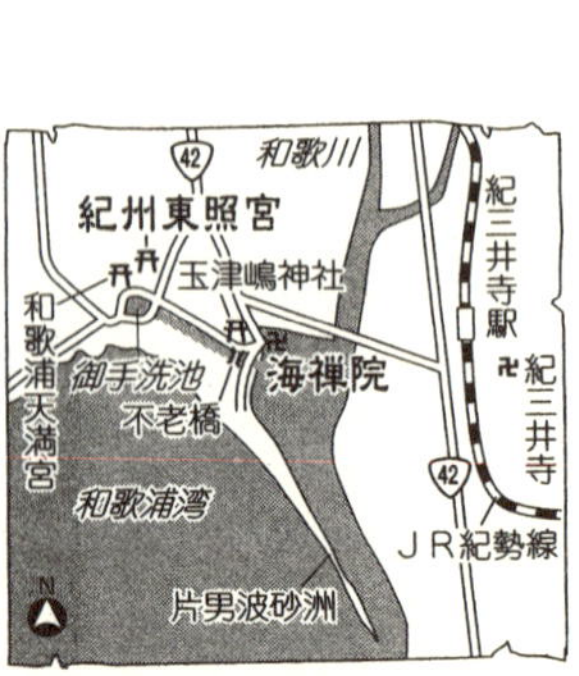

紀州東照宮社殿の欄間彫刻。鷹が雉を鋭い爪で捕らえた瞬間を彫刻している

十五万五千石の誕生である。時に頼宣十八歳であった。

紀州徳川氏の行った最初の大事業、それが紀州東照宮の造営であった。神君家康・東照大権現の権威と加護はこの国の統治に何よりも必要とされたのである。

まず社地が選定された。和歌の浦であった。ここは万葉の時代より歌に詠まれた景勝の地である。玉を連ねたように海辺に点在した島々「玉津嶋山」は、その多くが陸地となった今も、緑に覆われた小山の連なりに古《いにしえ》を偲《しの》ぶことができる。

社殿造営は元和六年に始められ、翌七年（一六二一）に完成。家康の信任厚かった僧天海《てんかい》を迎え、十一月二十四日に遷宮の式典が行われた。これが今見る紀州東照宮の社殿群である。

◇権威の造形

MEMO 海禅院多宝塔

紀州徳川家初代頼宣は和歌の浦にもう一つの建物を建てている。和歌浦干潟の中にぽつりと浮かぶ小島、妹背山の「海禅院多宝塔」である。ここは、頼宣の母「於万の方」が慶安二年（一六四九）に家康の三十三回忌追善の経石《きょういし》二十万個を埋納した場所である。四年後の承応二年（一六五三）、その上に多宝塔が建てられた。頼宣にとってこの多宝塔は母である。そして西へ一キロ隔てた東照宮は父東照大権現である。頼宣は名勝和歌の浦を紀州徳川家の聖地に仕立て上げた。

鳥居から参道を歩こう。鬱蒼《うっそう》とした木々に囲まれた参道には青石が敷き詰められ、両側は低い石垣で区切られる。鍵の手に折れ曲がるとやがて高い急勾配《こうばい》の石段にたどり着く。その上に丹塗りと彩色に彩られた楼門《ろうもん》が建つ。直線で構成された参道や石段は、近寄りがたい威厳を感じさせる。計算し尽くされたアプローチである。両側には石灯篭が並ぶ。家臣たちの寄進したもので、東照大権現と頼宣への忠誠の証である。

楼門をくぐると視界が開け、正面に一段高く唐門と瑞垣《みずがき》、そしてその奥に社殿の屋根が見える。かつては社殿の右に三重塔、左に薬師堂があったが、これは明治になって取り壊された。

社殿は正面に拝殿、その奥に本殿が建ち、それを「石の間」と呼ばれる部分で繋《つな》いで一つの建物にまとめた複雑な形態のもので、「権現造り《ごんげん》」と呼ばれている。

建物は「和様《わよう》」という伝統様式を用い、さまざまな彫り物で飾る。内外部とも赤や黒の漆を塗り、複雑な組み物や彫刻類は色とりどりの色彩で華やかに彩られている。建物の辻々には金色の金具を打ち添え、そこかしこに金箔《きんぱく》が押されている。この社殿は隅々まで、これ以上飾り立てることはできないほどの装飾で光り輝いている。これに要する経費など、全く眼中になかったかのようである。

社殿の正面に立ったとき、正面中央の欄間彫刻は印象的である。鷹が雉に襲いかかり、鋭い爪で捕らえた、その瞬間。およそ神社建築の装飾彫刻とは思えない構図である。一体作者は何を伝えようとしたのであろうか。

頼宣は幼い日、家康に伴われ富士の裾野へ鷹狩りに出かけたという。父に対する思慕の念がこのようなモチーフとなったに違いない。拝殿に入るとこれも鷹の彫刻である。

◇御大工中村氏

社殿の造営は「御大工」を称する中村讃岐守宗次・中村織部久長の指揮の下に行われた。二人は兄弟であった。「御大工」とは、紀州藩の技術官僚のトップであることを示す称号である。

中村氏は古くは法隆寺の大工で、中世の記録にその名前が登場する。その後、家康に仕えて駿府に下り、さらに頼宣とともに紀州に来たのである。近世に建てられた法隆寺の子院の建築や、奈良県の談山神社の彫刻に、紀州東照宮とよく似た作風を見いだすことができる。なるほど一門の技術や様式は、場所や時間を超えて受け継がれるものだと思う。

中村氏はこの後永く「御大工」の職を世襲するが、技術的にも意匠的にも、東照宮社殿をしのぐ建物を手がけることはなかった。それればかりか、紀州において東照宮以上の装飾に満ちた華麗な建築はついに出現しなかった。それは徳川政権下において、「東照大権現」を凌駕《りょうが》する権威が有ろうはずもなく、また有ってはならなかったのである。

紀州徳川家の時代の絶対的権威、その造形の精華を紀州東照宮は今に伝えている。

二　和歌浦天満宮

「大社の造形」幻の豊国廟

◇浅野家の残影

和歌山市の南に広がる和歌浦湾。湾の北側には小高い山並みが連なり、その中腹に朱塗りの門がそびえ立つ。和歌浦天満宮の楼門《ろうもん》である。東照宮とは谷を隔てて隣り合う。近づくと見上げるような高い石垣と急峻な石段である。荒々しい石段を登りつめ、楼門から振り返ると、長くのびた片男波の砂洲と、遠く藤代の山々に囲まれるように和歌浦湾が広がり、絶景である。楼門をくぐるとすぐに瑞垣《みずがき》と本殿が見える。

この和歌浦天満宮は関ヶ原の戦いの後、和歌山の領主となった浅野幸長《よしなが》が慶長十一年

和歌浦天満宮の本殿。背面に扉がある珍しいスタイル。そこに豊臣秀吉の影を感じさせる

（一六〇六）に再興したものである。徳川頼宣の入国により浅野家は広島へ移りこの天満宮だけが残された。

◇天満宮の造形

天満宮の造営に、領主幸長は特別な思いを込めたようである。

社殿には大きな一枚板から彫り出された一対の彫刻がある。一つは、大きな太鼓と鶏がモチーフで、太鼓の上に雄鶏が悠然と座り、下では雌鶏を囲んで雛が遊ぶ。中国故事「諫鼓《かんこ》苔むす」のたとえである。諫鼓とは中国古代の王が、施策に意見のある者に打ち鳴らすよう城門の外に置いた太鼓である。しかし善政が行き渡っていたので、太鼓は一度も響くことなく苔むし、辺りで鶏が群れ遊んでいる。平和な世の中と、民衆の平安を象徴している。

紀州に入った浅野幸長が最初に行ったのは、領内の検地であり、有力寺社に領地の安堵《あんど》や寄進を行って、領内統治の体制を整えることであった。文治政策、これが幸長の理想だったのである。「諫鼓苔むす」の彫刻はまさにそのことを物語っている。

これと対になるのは、大きな松と二羽の鷹の彫刻である。これは武門の力を象徴する。在地勢力の抵抗に対して武力は不可欠であった。文武両道である。

◇豊臣の影

社殿は五間社で入り母屋造り。由緒と格式を誇る「大社」の造形である。正面にそびえる楼門は、正面柱間が一間の楼門では最大級の規模で、しかもそれまで神社建築には用いることのなかった、「禅宗様《ぜんしゅうよう》」という建築様式を用いている。禅宗様式は当時、いや今日においても、寺社建築の最高峰の建築様式である。

和歌浦天満宮のただならぬ造形を見るとき、ふと気になる文面を思い出す。それは『紀伊続風土記』の記述である。「菅廟をかく壮麗に修造の事を始めしは豊国明神を合わせ祀りしなりという」とある。秀吉の妻、北の政所の縁に繋《つな》がり秀吉に仕えた浅野幸長は、棟札に「豊臣幸長朝臣」と記した。

天満宮本殿の背面中央には扉がある。あまたある神社の中で、背面に扉を構えるのは極めて珍しい。扉の両脇には、豊臣の家紋五七の桐が描かれていた痕跡がある。豊臣幸長は

MEMO 建築技術書『匠明』

『匠明』という書物がある。神社仏閣から御殿まで、八十種類以上の建物の設計方法を記述した、我が国最初の体系的建築書である。これは慶長十三年（一六〇八）塀内政信が父吉政の語る「古来相伝」のすべてを書き記したものである。

吉政は、設計や計算、手仕事、絵様、彫り物の「達者」となるよう「昼夜怠らず」、建物の善し悪しを見分けて工夫するよう奥書に記している。その時、政信は二十五歳。この書物は修行の完了と免許皆伝の意を込めたものかもしれない。その後永く「四天王寺流大棟梁」を称した平内家に伝えられた。

人目を忍び、密かに背面に主君秀吉を祀ったと思えるのである。

◇根来大工

天満宮の造形を造り上げたのは、大工「塀内七郎右衛門尉平吉政」である。たいそういかめしい名乗りだが、京都方広寺大仏殿造営には「二十人棟梁」の一人となり、秀吉を祀る豊国廟《ほうこくびょう》の棟梁も勤めたという経歴の持ち主である。吉政の父為吉は、秀吉の館「聚楽第」に唐門を建て、その彫刻の出来映えが見事だったので秀吉から直々に米百俵を頂戴したという。

塀内氏は根来出身の大工である。天正十三年（一五八五）根来寺が焼失し、職場を失った塀内一家は、豊臣氏の行った造営に携わったのである。しかし天下は徳川氏へと移っていった。吉政の子、「政信」は天満宮造営の翌年関東へ下る。茨城県の鹿島神宮など江戸周辺から、次第に江戸市中へと活躍の場を移し、寛永九年（一六三二）に二代将軍秀忠廟の造営に棟梁の一人として名を連ねた。その年、幕府は作事方大棟梁という職を設けた。任命された四人の中に「平内《へいのうち》正信」がいた。根来を離れて四十七年、根来大工「塀内政信」は「平内正信」と名を改め、ついに工匠の頂点に立ったのである。

和歌浦天満宮は、根来大工塀内氏がふるさと紀州に残した唯一の建物なのである。

三　加太春日神社

戦国武将の造形

◇南海道の要　加太

和歌山県の北部に屛風のように横たわる和泉山脈。遠く東の方、金剛山脈から続く山並みは西に向かい、ついには海に突き出る。この山並みが海に接したところの小さな入り江が加太《かだ》である。

和泉山脈の南裾、紀ノ川の北岸には、古代の南海道が通っていた。飛鳥の都から四国・九州そして朝鮮半島への道である南海道は、ここ加太で海へ出る。大坂難波津から紀伊半島沿いに南へ下る船も、加太浦を通る。加太は古代から水陸交通の要衝であった。

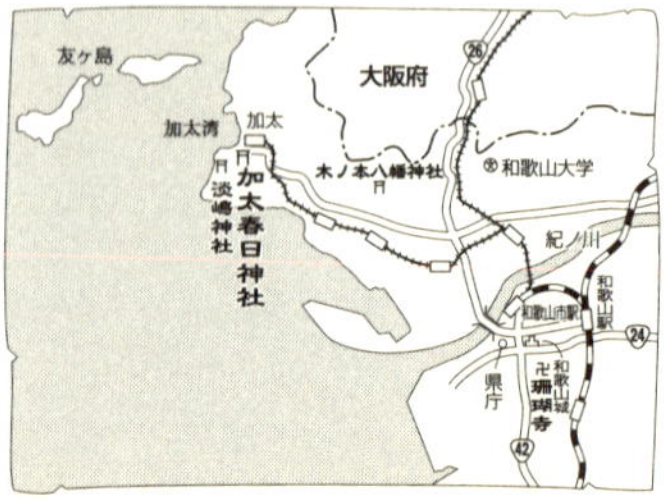

社殿の全景。昭和12年に修理したときの写真で、今は覆いで囲われこのような姿を見ることはできない

江戸時代末頃の記録によれば、加太は戸数四百八十戸余りで、紀州では十指に入る大きな町で、港町としては三番目の規模であった。

◇町中の小社

加太にある神社といえば、神功皇后《じんぐうこうごう》に縁のある淡島《あわしま》神社が有名だ。江戸時代、淡島神社の社家が祭祀を勤め、摂社となっていたのが、加太春日神社である。神社は町中の小さな路地に面している。境内の北寄りに拝殿や付属屋が建ち並び、奥の本殿はその屋根と千木《ちぎ》、勝男木《かつおぎ》がようやく見えるだけである。しかも本殿の周囲は、風雨を遮るために塀のような覆いで囲われ、建物の様子は外からは全く窺い知れない。

本殿は、間口が三メートル程の比較的小さな一間社流れ造りの社殿で、正面に唐破風と千鳥破風を造って何やら厳めしい。社殿の建立は、棟札によると慶長元年（一五九六）のことで「桑山修理亮正栄」が造営を下知したと記されている。この人物は、豊臣秀吉と秀長に仕えた武将、桑山重晴を指すと考えられている。

天正十三年（一五八五）根来寺を攻め落とした秀吉は、紀州の統治を弟秀長に託した。秀長は和歌山城の築城を始めるが、まもなく大和郡山に移ることとなり、家臣の桑山重晴が城代として、築城をはじめ実質の和歌山統治に当たったという。やがて主君の秀長とその養子秀保が相次いで世を去り、重晴が名実ともに城主、紀州の領主となった。それが、この加太春日神社建立の慶長元年なのである。

◇桑山重晴の思い

普段目にすることのできない社殿を、特別に見せて頂いた。最初に目に飛び込むのは、社殿の軒下中央にある龍の彫刻である。本来は「かえる股」という建築の一部材の中に飾られる彫り物であったはずなのに、ここの龍は「かえる股」の枠組みを飛び出し、「龍」そのものにしか見えない。こんな造形を考え出した工匠の非凡さには、驚きを越え、ただ敬服するばかりである。社殿を飾る彫刻には楽しさがいっぱいだ。米俵を踏まえた大黒天、大きな鯛を抱えた恵比寿天もいる。大きな海老の彫刻は珍しい。アワビや、サザエであろうか巻き貝の彫刻もある。加太ならではの豊かな海の幸のモチーフである。

社殿両脇の縁側の突き当たりに脇障子という衝立《ついたて》があり、そこに大きな一枚板の彫刻が

MEMO 神社建築と彩色

加太春日神社の社殿は上質の檜材で造られている。その木肌は時代を経ているものの拭き込まれて美しい。しかしよく見ると軒裏には赤い塗料が残っている。軒下の組物と言う部材には緑や青など種々の絵の具を使って彩られていた痕跡が見える。今、白木の様に見える社殿には、実は鮮やかな彩色が施されていて、豊富な彫刻とともに、桃山建築の造形的特色が窺える。時は移り、明治の廃仏毀釈の折り、本殿を彩っていた彩色は、仏教文化の影響と見なされたのであろう。白木造りと思えるまでに洗い落とされてしまった。古建築は多くの歴史を静かに語っている。

はめ込まれている。右側の彫刻を見てみよう。橋の上を馬に乗って通りかかる人物。橋の下には何やら大事そうに、馬上の人物に捧げ物をする人がいる。そしてその人を龍が支えている。人物の服装から中国の故事らしい。馬上の人物は黄石公《こうせきこう》、川の中の人物は張良《ちょうりょう》と読みとれる。

秦の始皇帝暗殺に失敗した張良は、橋を通りかかった黄石公の落とした靴を拾い上げ、この時龍神が現れた。その情景が彫り出されているのである。張良は黄石公から兵法の奥義を授かり、後に漢の高祖となる劉邦《りゅうほう》に仕え、軍師として功績を挙げることとなる。秀吉に仕え、戦乱を生き抜き、天下統一を目の当たりにした桑山重晴は、張良に自らを重ね合わせていたのだろうか。左側の脇障子には鶴と亀、そして松、竹、梅が彫刻されている。亀の甲羅には岩が乗り、そこに松と梅が生えている。これは遠く東海の彼方に有ると信じられた仙人の住む島、蓬萊《ほうらい》山をかたどったものである。劉邦が皇帝になった後、張良は穀物を断って仙人になろうとしたという。加太春日神社の脇障子は、若き日の張良と、功なり年経て仙境を望んだ張良の心境を一対の彫刻にかたどったのである。

慶長元年、重晴は出家し和歌山城下に菩提寺珊瑚寺を開いた。その寺の山号は「仙境山」、まさに張良の心境に倣ったかのようである。加太の町中にある小さな神社の社殿には、戦国に生きた武将、桑山重晴の思いの丈が籠められている、そのように思えてならないのである。

四　三船神社

刑部左衛門一家の第一歩

◇荒川荘の鎮守

根来寺から南へ四キロ、紀ノ川を渡ると紀の川市桃山町である。堤防に立つと一面に桃畑が広がり、春の開花時はまさに桃源郷である。ここは荒川荘と呼ばれ、平安時代は鳥羽上皇の后《きさき》美福門院の荘園であった。美福門院は上皇の菩提《ぼだい》を弔うため、一切経とこの地を高野山に寄進し、以来永くここは高野山領であった。

三船神社は荒川荘の鎮守の社である。紀ノ川と貴志川に挟まれた平地が南東の山すそに尽きるあたりに鎮座する。鳥居をくぐり長い馬場の先、小高い壇上に大ぶりな三間社流れ

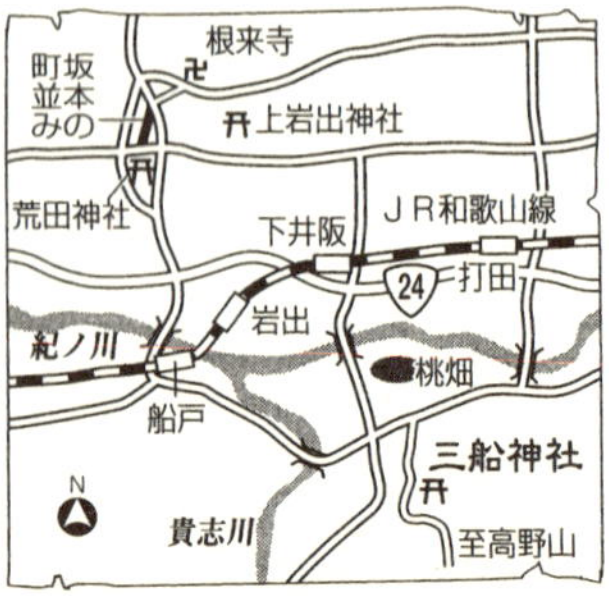

三船神社の社殿。みごとな彫り物があちこちに施された根来大工による傑作だ

造りの本殿と、その左に春日造りの摂社二棟が並ぶ。これらの社殿は、高野山の僧、木喰応其《もくじきおうご》によって天正十八年（一五九〇）に建てられたものである。

◇桃山建築の先駆け

社殿に近づくと、あちこちにはめ込まれた彫り物が見えてくる。どんな彫刻なのか目を凝らしてみよう。龍、虎、獅子は今にも飛び出しそうだ。甲羅に岩や松や梅を背負った不思議な亀がいる。これは遥か東の海の彼方にある仙人の住む不老不死の島、蓬莱《ほうらい》山をかたどっているらしい。

釜を中央に置いて子供を連れた夫婦がいる。そばには鍬《くわ》が転がっている。「二十四孝」という中国の物語の一つ「郭巨得釜《かくきょとくふ》」の一場面である。貧しい郭巨夫婦は、幼い子と老いた母の四人暮らしであった。貧しさの中で、郭巨は我が子を捨てて

MEMO 大工と棟梁

室町時代、天文六年（一五三七）に行われた三船神社の修理の際、地元の「藤衛門」には「親方」の技量がないので、大阪・天王寺の「新左衛門」に「大工」を頼もうと考えた。しかし種々の事情から、「藤衛門」を「大工」とし、「天王寺新左衛門」を「棟梁」と称して迎えたと、記録にある。恐らく「藤衛門」は地元で職場獲得の利権である「座」を組織しており、「大工」という称号はその長を意味していたと思われる。これに対し「棟梁」は、優秀な技量を持つ職人に対する新たな呼称であった。「座」という職場独占の体制から、腕一本で職場を獲得する世界へ。職人世界も戦国の世へと向かっていたのである。

埋めようと穴を掘る。口減らしである。その時、郭巨の心痛が天に通じ、金の釜が出現したという物語である。

瓜と長靴の彫刻がある。それと向かい合って、花と実をつけた樹木がある。桃のように見える。この二つを合わせて、「瓜田《かでん》に履《くつ》を納《い》れず、李下《りか》に冠を正さず」と解くのであろう。瓜畑の中でかがんで靴をはき直したり、桃の木の下で冠に手をかけたりしたら、瓜泥棒、桃泥棒と間違われる。疑われるような紛らわしい行動は慎め、という中国故事である。

剣に巻き付き切っ先から剣を飲み込もうとする龍がいる。倶利伽羅《くりから》竜王という不動明王の化身である。これと対になって、逆巻く波の中から龍が僧侶を支え上げる彫刻がある。弘法大師が唐から帰朝の際、船が暴風雨に遭遇し、危うく不動明王に助けられた物語である。この僧侶は空海なのだ。

正面の欄間には衣をたなびかせた天女が雲の上で舞っている。琵琶を持つ天女がいる。笛や太鼓、鼓もあり、音楽を奏でながら天上から舞い降りる様である。

社殿を飾る彫刻は数々の物語に彩られ、見る者を楽しませる。装飾彫刻に埋め尽くされた日光東照宮のような「桃山建築の源流はここなのだ」と、確信するのである。

◇もう一人の根来大工

この社殿を造ったのは、坂本の「刑部左衛門《ぎょうぶざえもん》藤原姓丹後守吉次」と棟札にある。「刑部左衛門」の名は、根来寺大塔の墨書に明応三年（一四九四）以降しばしば登場する。根来の大工であった。

慶長九年（一六〇四）、遠く奥州仙台で「棟梁刑部左衛門国次」が腕をふるった。今に残る国宝松島瑞巌寺や国宝大崎八幡神社本殿である。伊達家の記録には刑部左衛門国次を「天下無双」の大いなる匠《たくみ》で、わざわざ紀州まで人を遣わして雇い入れたとある。なんと名声は天下に聞こえていたのである。この「国次」は、三船神社の「刑部左衛門吉次」と一字違いで、恐らく直系なのであろう。

さらに寛永九年（一六三二）幕府の作事方大棟梁に「鶴刑部左衛門」が任命された。三船神社を造営した刑部左衛門吉次の子孫に違いない。四人の大棟梁の内、和歌浦天満宮の大工「平内正信《へいのうち》」とともに、二人が根来の大工であった。根来大工はついに全国の工匠の頂点に立ったのである。

同時に大棟梁となった人物に滋賀県甲良町出身の「甲良豊後宗広《こうらぶんごむねひろ》」がいる。甲良豊後は日光東照宮造営の棟梁として有名であるが、「鶴刑部左衛門」は「甲良豊後」とともに「鶴亀」と並び称されていたという。

根来大工「刑部左衛門」一家が世に出る第一歩となった三船神社本殿は、今も見る者を魅了して止まないのである。

五　根来寺大塔

百年以上の歳月かけ造営

◇四神相応の地

根来寺の入り口、大門から東へ約八百メートルのあたりに、根来寺の中心伽藍《がらん》「大伝法院」という一郭がある。そこは北の和泉山脈から南へ延びた尾根の最先端の麓で、南にひらいた緩やかな傾斜地である。この地を囲むように東と西は深い谷筋となり、東の谷奥から流れ出た大谷川はやがて西に向きを替え蛇行しながら南へと流れ、西の谷筋を南へ下る小川は大谷川に合流する。大伝法院の一郭はまさに四神相応の場所である。

最初に大伝法堂が建てられ、その工事が一段落した正長二年（一四二九）に大塔の建立

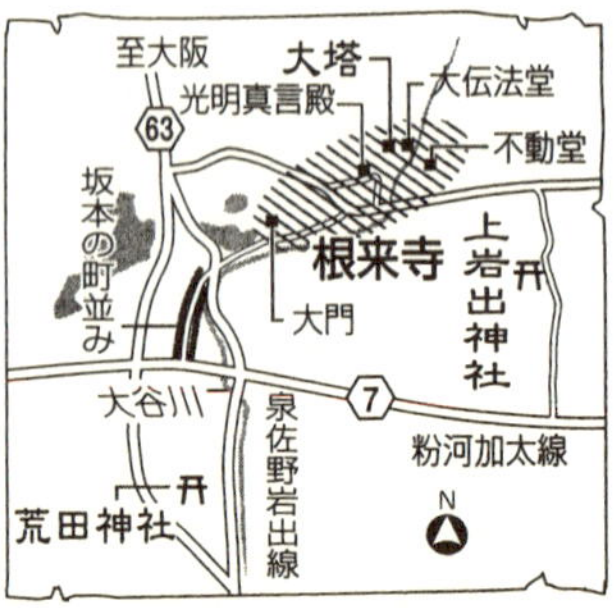

根来寺の大塔。119年をかけて建設された国内最大の木造二重の塔だ

が発願された。明応五年（一四九六）に心柱が建ち、その二十年後に瓦が葺かれ、それからさらに三十一年たって窓を取り付け、ほどなく完成したと思われる。これが今みる大塔である。実に百十九年の歳月を費やしたのである。

大塔は一階部分の長さが十五メートル、高さが相輪の上まで三十六メートル、国内最大の木造二重の塔である。四角な一階部分に円形の二階を乗せる形式は一般の多宝塔と変わらない。しかし一階の柱間が五間で、内部には十二本の柱が円形に立ち並び、さらにその中心に四本の柱が建つ構成は通常の多宝塔とは大きく異なり、このような形式のものを特に「大塔」と呼んでいる。

◇大塔の造営

百年余りに及ぶ大塔造営の様子は、大塔に書き残された墨書によってうかがうことができる。造

MEMO 根来周辺の古建築

天正十三年の根来寺炎上から九年後、文禄三年（一五九四）東坂本に上岩出神社が再建された。小さな三間社流造りの社殿であるが、均整のとれた姿と豊かな装飾彫刻は、繁栄を誇った往時の根来寺を彷彿《ほうふつ》とさせる。この地に留まった根来大工の作に違いない。大門からほど近い所にある荒田神社が寛永元年（一六二四）に再建された。この時、江戸にいた根来出身の大工平内正信は狛犬《こまいぬ》を寄進した。この社殿を飾る彫刻は、その美しいこと必見である。恐らく平内正信の作で、江戸から送ったものであろう。

営にあたったのは「根来方の大工」と「坂本の番匠《ばんしょう》」と称する工匠集団であった。「番匠」とは今でいう大工さんのことである。「坂本」は根来寺の西にある集落で、そこに工匠たちが住んでいた。

心柱を建て上げた時、工匠たちはその心柱に名前を書き連ねた。その数は「坂本の番匠数四十人」、同時に「根来方の大工」として「惣大工源左郎」以下十六人、総勢五十六人である。中には「歳は百歳、世兵衛左衛門」という長老もいた。実際の作業場には大工以外に製材を行う「ソマ」という人たち、運搬や雑用を行う人たち、食事の世話をする女性たち、見習いの子供たちなどが働いていたはずで、総勢は優に百人を超えていたに違いない。活気に満ちた現場の喧騒《けんそう》が聞こえるようである。

これらの作業集団を統率していたのは「惣大工」という肩書の工匠である。これを墨書からひろい出してみると、明応三年（一四九四）に「源左衛門」。以下天文十六年（一五四七）まで「源左郎」「源三郎」「源左衛門、歳三三」と並ぶ。いずれも「源」の字を冠しており明らかに直系と思える人たちが集団の長を世襲していたことが分かる。ほかに「一ロウ（臈）」という肩書を持つ者がおり、これは惣大工の補佐役であろう。さらに「棟梁《とうりょう》」の肩書を持つ者もいる。技能に秀でた現場の指揮官である。「根来・坂本の大工」はこれら指導者の下に結束した技能集団であった。彼らは数代にわたって営々と大塔の建設に携わり、大塔の完成後は二千とも三千ともいわれた山内の坊院の建設に目の回るような日々を送ったに違いない。

◇根来大工のゆくえ

そして運命の天正十三年（一五八五）三月二十三日を迎えた。その日秀吉の軍勢に攻め込まれた根来寺は、大塔とわずかな堂舎を残して、灰燼《かいじん》に帰したのである。根来寺と共に生きた大工たちの多くは、新たな活路を求め、この地を離れてしまった。その足取りは、すでに訪ねた。

江戸時代も終わりに近い頃、根来寺はようやく復興に向かう。寛政十二年（一八〇〇）に光明真言殿、文政七年（一八二四）に大伝法堂、弘化二年（一八四五）に大門が再建された。それらの工事の棟梁は不思議なことにいずれも二人の連名となっている。一人は最後まで根来大工の名跡を守り伝えた鳥羽姓を名乗る大工で、もう一人は光明真言殿では大阪の大工、大伝法堂では越後の大工、大門では県内海南市下津町の大工であった。この時期、根来大工は、大規模な造営に独力で対応できない程にまで弱体化していたのである。

壮大な大塔は、今に根来大工の栄光を伝えている。

六　粉河寺

再建で伝統受け継ぐ造形

◇西国巡礼の寺

観音霊場を巡る西国三十三所巡礼は、平安時代の中頃、花山法皇が始めたという。一番札所は那智山青岸渡寺、二番は桜の名所紀三井寺、そして三番札所が今回訪れる粉河寺である。

粉河寺は『枕草子』にもその名が登場する。霊験あらたかな観音の寺として都人の憧れであったようだ。堂塔は数度の火災を繰り返し、江戸時代の中頃から順次復興されたのが、現在の伽藍《がらん》である。

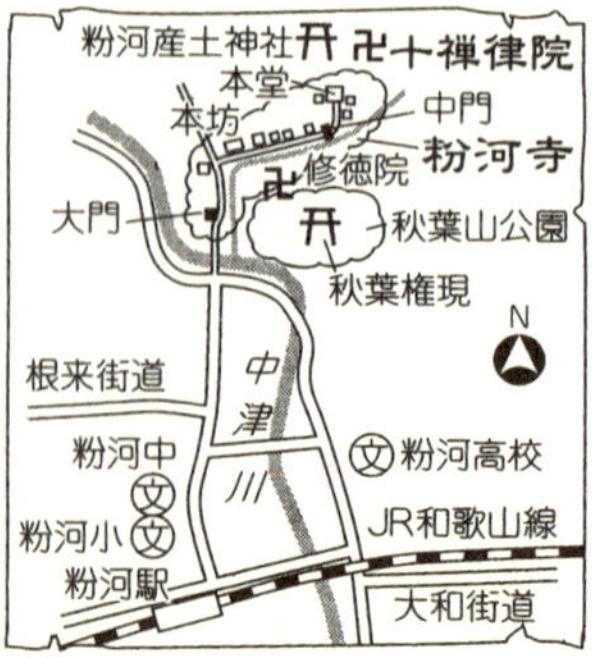

粉河寺の本堂。折り重なるような複雑な屋根は、礼堂と金堂を一つにまとめた名残だ

ＪＲ粉河駅から北へ歩くこと十五分、家並みの向こうに朱塗りの大門が見えてくる。宝永四年（一七〇七）に再建された粉河寺の正門である。参道はまもなく右に折れ東に向かう。

参道の右手に川が流れている。「粉を流したような白い川の流れをたどって観音に出合った」と『粉河寺縁起』に登場する川である。参道は川沿いに続く。左手にはお堂が並んでいる。不動堂、地蔵堂、羅漢《らかん》堂、童男《どうなん》堂、念仏堂等々、たくさんの仏様の御利益が、参詣者のために用意されている。庶民信仰に支えられた巡礼寺院ならではの風景である。

やがて中門に至る。中門の前に手水舎《てみずや》があり、指を口にくわえたおしゃぶりポーズの獅子の彫り物が何ともユーモラスである。屋根瓦はすべてが波の文様で統一され、これもなかなか楽しい。

中門の屋根を見ると、鬼瓦は獅子の姿だ。しか

MEMO 十禅律院

粉河寺本堂の右奥に、竜宮城の門と形容される不思議な門がある。そこは十禅律院である。本来は粉河寺の子院であったが、寛政十二年（一八〇〇）に独立した寺院として再興された。その再興には八代藩主重倫《しげのり》とその子十代治宝《はるとみ》が並々ならぬ助力をしている。ご詠歌「父母の恵みも深き粉河寺」の通り、治宝は母の菩提《ぼだい》を弔い本尊を寄進した。庫裏には藩主の御成座敷があり、借景を取り入れた「洗心庭」が造られた。この座敷からの眺めは正に心洗われる。治宝はここに座し、父母に思いを馳せたに違いない。

も手が見えている。高いところから恐る恐る下を覗《のぞ》き込んでいるように見える。遠くから訪れた参詣者を楽しませる造形である。

中門をくぐると参道は北に折れ、目指す本堂の大屋根が迫ってくる。棟の頂上まで二十二メートル余り、三十三番札所の中でも屈指の大建築である。正徳三年（一七一三）に焼失し、享保五年（一七二〇）に上棟した本堂である。

◇本堂再建

正徳三年に焼失するまで、ここには本尊を安置する「金堂」と、お参りをする「礼堂《らいどう》」の二つの堂が建っていた。再建にあたって二つの堂は一つにまとめられた。参詣者が土足のまま入る吹き抜けの部分が礼堂、その奥が金堂にあたる。折り重なるような複雑な屋根は、二つの堂を一つにまとめた経緯を伝えている。

伝統を受け継ぎ、新たな造形を造り上げたのは、門前に住む蔵屋太郎三郎であった。曾祖父の太郎作は寛永二年（一六二五）に金堂再建の棟梁《とうりょう》を勤めたという。古くから粉河寺に出入りした大工の家系で、「伯市仲間《はくいちなかま》」という商工者の一員として町屋の建築にも携わる大工であった。

本堂再建の棟梁を拝命した太郎三郎は、自分の決意をしたためた「誓紙」と、配下の大工に対する規律を定めた「大工方定書《だいくがたさだめがき》」を寺に差し出した。

誓紙では「棟梁の拝命は有り難き幸せ」で、「普請完了まで昼夜油断なく励み」「材木など万事倹約に努め」「無駄のないよう工夫し」「万一不手際のため棟梁職を取り上げられても異議を申さず」「あとはご本尊が明らかに見てくださるであろう」と述べている。

◇大工方定書

「大工方定書」は微に入り細にわたっている。拾い読みしてみよう。出勤は夜明けである。終業は「極晩」とある。暗くなるまで働いたのだ。朝食、昼食は作業場で支給され、休憩は十時と二時、夏場は四時にも休憩があり、七時過ぎまでは働いたのであろう。休憩時間外にたばこを吸ったり、お茶を飲んだら罰金百文である。

喧嘩口論は禁止。参詣者との無駄話も禁止。道具を散らかしてはいけない。つばを吐いたり鼻紙を捨てたり、あちこちで小用をたすなど当然禁止。木を切るときには必ず棟梁の確認を受けること。釘はどこに何本必要か、申し出た本数だけ渡す。残ったら必ず返すこと。帰りには釘を隠し持っていないか懐を調べる。鉄釘は貴重品なのだ。木屑、鉋屑《かんな》は持ち出し禁止。これらは貴重な燃料で寺の財産であった。

賃金は月末払いだが、寺に資金のない場合は一、二カ月、半年、一年遅延しても、また工事が中断しても文句を言わないこと。なんと厳しいことか。壮麗な堂塔伽藍を造り上げた名もない職人たち。そんな人々に思いを巡らせ、古建築を旅したいものである。

七　薬師堂厨子

忘れられた「御所」の記憶

◇高野への道

高野山へ向かう道は、九度山町の慈尊院から登る高野山町石道が古くから正式な参詣道として整備されていたが、その他に俗に「高野七口」といわれる多くの道があった。

和歌山方面から高野山へ向かう参詣者が辿ったのは「西高野街道」と言われる道である。粉河寺から東へ約二・五キロ行った辺りに「高野辻」という所がある。その名の通りここを南へ折れると高野山に続く西高野街道である。

「麻生津《おうづ》の渡し」で紀ノ川を渡り、急峻な山道を行くこと約二キロ、標高五百メートル

小高い山の上に立つ薬師堂。600年以上前に造られた見事な須弥壇と厨子が納められている

余りの「麻生津峠」に至る。峠から見下ろすと眼下に紀ノ川の流れ、晴れた日には遠くに淡路島が見えるという。かつて峠には茶屋や旅籠があって、往来の人で賑わったと言うが、今はこの道を通って高野に向かう人はいない。

◇薬師堂

峠から更に西高野街道を進むと、車一台がようやく通れるくらいの狭い山道となる。やがて山の斜面に人家が点在する「御所《ごせ》」という、戸数二十五戸ほどの小さな山里にたどり着く。

この集落に「薬師堂」という小さなお堂がある。何気なく通り過ぎてしまいそうなほどに、外観は周囲の風景にとけ込んでいる。

江戸時代も終わり近くなって建てられたお堂に違いないのだが、驚いたことに、堂内には六百年以上前に造られたであろう見事な須弥壇《しゅみだん》と厨子《ずし》が納められている。須弥壇の両脇に立つ柱も古い。この部分は一連のものとして造られている。つまり、元々あったお堂の、柱と須弥壇と厨子の部分だけを残し、その他の全部が江戸時代に新しく造り直されたのである。

当時の人達は、厨子廻りはどうしても残したかったのであろう。それほど厨子と須弥壇はすばらしい。厨子の中に安置されているご本尊は薬師如来坐像で、厨子より更に古く、平安時代の作という。

厨子は間口が一間で、「向唐破風《むかいからはふ》」という曲線形の屋根を乗せる。この様な形の厨子は他に見たことがない。厨子の両脇には「花狭間《はなざま》」という六弁の花を象《かたど》った格子戸が建て込まれている。細かな花弁を彫り出した格子を、縦と斜めに組み上げた技は驚きである。

須弥壇には、「蝙蝠狭間《こうもりざま》」という蝙蝠が羽を広げたような中世独特の文様が彫り出されている。また、「剣巴紋《けんともえもん》」という刀の刃先と巴紋を並べた文様が金色に輝いている。これも中世に好んで用いられた文様である。

須弥壇は黒、厨子は朱色の漆で仕上げられ、所々に金箔や赤、緑の顔料がアクセントを添える。朱色の漆は、いわゆる根来塗りである。扉に打ち付けられた金色の金具には細かな模様が彫り込まれ、小さいながら見応えがある。

薬師堂の厨子と須弥壇は、隅から隅までどこを見ても中世の出色の意匠に満ちあふれている。

MEMO 厨子と宮殿

厨子には簡単な箱のようなものから、本格的な建物の構造を持ったものまで様々なものがある。薬師堂厨子は、各部材や隅々の彫刻類、軒廻りまで、実際の建築技法を用いた例である。

神社では御神体を納める厨子を「宮殿《くうでん》」と呼ぶことがある。薬師堂からほど近い、かつらぎ町上天野の丹生都比売神社には、四棟ある本殿それぞれに、春日造り社殿を模した小型の宮殿が一基ずつ内陣の奥深くに納められている。容易に拝見はできないが、朱漆塗りで、部分的に青、緑、白色が塗られ、金具をちりばめて飾った、建築模型のような宮殿である。嘉元三年（一三〇五）京都から下った工匠の手によって造られたものである。

◇薬師堂の謎

薬師堂の厨子と須弥壇は、下っても十五世紀初期までには造られたものと考えられる。しかも、当時最新、最高の技術が投入されている。これが京都や高野山にあるのなら不思議にも思わないが、この山里に造られたのは、どのような経緯があるのだろう。ここが「御所」という名であるのも気に掛かる。

『紀伊続風土記』では、昔天皇が高野行幸の折り、この辺りで病になり、御仮屋を建て養生をしたので「御所」の名が付いたとしている。またこれが何時のことなのかは不明で、また行幸の折りにそのような出来事のあった記録はないともしている。

しかし、例えば法親王など、都の身分の高い人物がこの地で病に倒れ、ここの薬師如来に救いを求めた、そんなことが実際にあったのかも知れない。

ここに残る洗練された高貴な厨子の存在は、そんな背景を抜きには考えがたいのである。遠い昔の出来事はいつの間にか忘れ去られ、「御所」という地名と、薬師堂の本尊と厨子だけが残された。

八　丹生都比売神社

天野番匠の誕生

◇高野山麓　天野

弘法大師空海が入定した真言密教の聖地高野山は、標高約八百メートル。高野参詣道の途中、標高約四百メートルの辺りに「天野《あまの》」という集落がある。山上にぽっかりと広がる水田の光景は、まさに「天の野」である。

密教修行の道場高野山は、女性はもとより俗人も居住できない聖地であった。その修行僧達の生活を支えていたのは山麓の村々で、天野はそのうちでも重要な集落であった。ここには高野山の鎮守「丹生都比売《にうつひめ》神社」が鎮座しているのである。神社は真言密教の教義

丹生都比売神社本殿第二殿。天野番匠の力作。象の彫り物は当時としては最新の意匠だった

に組み込まれ、高野山とは不可分の存在として生きてきた。

◇社殿の造営

社地は天野盆地の東の端にある。鳥居をくぐると鏡池とそこに架かる大きな太鼓橋、禊橋《みそぎ》を渡ると正面に楼門がある。楼門の奥には瑞垣《みずがき》に囲まれ、朱色に彩られた規模の大きな春日造りの本殿が四棟並ぶ。その姿は壮観である。現在の本殿は文明元年（一四六九）に建立されたものである。ただしその後、第一殿は正徳五年（一七一五）に、第三殿は明治三十四年に、いづれも台風による倒木によって破損し、建て替えられている。

第一殿には主祭神の丹生都比売大神が祀られている。天照大神の妹神だという。第二殿には高野明神、別名狩場明神を祀る。空海の高野山開創にまつわる物語に登場する神である。第三殿と四殿は、十三世紀の初頭、北条政子が新たに気比明神と厳島明神を勧請、寄進したものという。高野山の権威を背景に社頭が整備され、壮大な社殿群が造りだされたのである。

嘉元三年（一三〇五）に神社のすべての社殿が造り替えられた。そのときの様子は『天野宮造替日記』という古文書に詳しい。主要な四棟の本殿は、はるばる京都から下った工匠「京番匠《ばんしょう》」が造営を担当し、「総大工」の指揮の下、各本殿に責任者として「引頭《いんどう》」と呼ばれる工匠が一人ずつ配属され、工事が行われていた。本殿以外の摂社や小社の造営は、神社や高野山に従属していた工匠「寺家大工」「社家大工」の担当であった。社殿の上棟に際し、「京番匠」達には鞍置きの馬など多くの禄物が与えられた。

各本殿の内陣奥深くには「宮殿《くうでん》」と呼ばれる厨子が安置され、その中に祭神が祀られている。この宮殿は容易に拝見できないが、小規模な社殿の姿を模し、朱漆を塗り、金具をちりばめて飾った、出色の厨子である。これは、嘉元三年の造替時に造られたものである。

◇天野番匠の誕生

それから百六十年余り後の文明元年（一四六九）社殿は再び造り替えられた。それが今我々の目の前にある本殿である。この時の造営は天野の工匠達によって行われた。かつて京都の大工に独占されていた仕事場が、天野の工匠の手に移ったのである。

工匠達は社殿に記録を書き残した。名前を書き連ね、「天野番匠以上一七人」「サエモン

MEMO　丹生都比売神社楼門

境内で最初に目につくのが、朱色に塗られた二階建ての楼門である。門とはいっても一階部分には扉や壁がなく、十二本の柱だけが建ち並ぶ、珍しい門である。結界として空間を区切るためではなく、祭祀空間としての機能が求められたのであろう。この建物は明応八年（一四九九）に建てられた。建物は「和様」という伝統様式を基本とするが、奈良の東大寺に属した工匠達が得意とした「大仏様式」、京都で広まった「禅宗様式」などの技法と意匠が随所に採り入れられている。この楼門の造営にかかわった工匠が明らかに出来ないのは残念だが、天野番匠はこれらの様式と技法を確実に習得したはずである。

二郎これは時の棟梁歳四二」とある。番匠とは聞き慣れない言葉だが、大工さんのことである。

今残る社殿をみると、それは決して京都の大工に引けを取らない出来映えである。柱の上には象をかたどった彫り物が飾られている。当時としてはとても斬新で画期的な装飾技法である。この社殿こそ、安土桃山時代に花開く装飾建築の先駆けなのである。

天野番匠の仕事場は高野山であった。そこには京都や奈良から、時代の先端を行く建築技術がもたらされていた。天野番匠はそれらを確実に身につけ、次第に中央に負けない実力ある大工集団に成長したのである。

天野番匠は高野山から「寺家惣大工」と称することを認められ、「大工職」という高野山における造営の独占権を獲得していった。

文明元年に社殿造営の棟梁を勤めたサエモン二郎の子孫はその後「狭間河内《はざまかわち》」と称し、江戸時代の終わりまで四百年余り天野を拠点に高野山の大工として生きるのである。時代が明治となり封建体制の崩壊とともに、高野山大工「狭間河内」は職を失い、天野の地からも去ってしまったが、丹生都比売神社の壮大な社殿が今に天野番匠の活躍の跡を偲ばせている。

九　金剛峯寺大門

正大工・天野番匠が再建

◇高野山の表玄関

世界遺産に登録された高野山町石道《ちょういしみち》をたどり、高野山で最初に目にするのが大門である。間口二十一メートル、高さ二十五メートルの朱塗りの門は壮大で、高野山の表門にふさわしい。門の両脇には仁王像が立ち、修行を妨げる邪悪の入山を拒んでいる。ここが聖地と俗界との境である。

江戸時代まで、女性は山内には入れず、門の傍らにあった女人堂でお参りをした。門とはいっても扉はなく、結界の象徴である。空海が高野山を開創したころは鳥居であったと

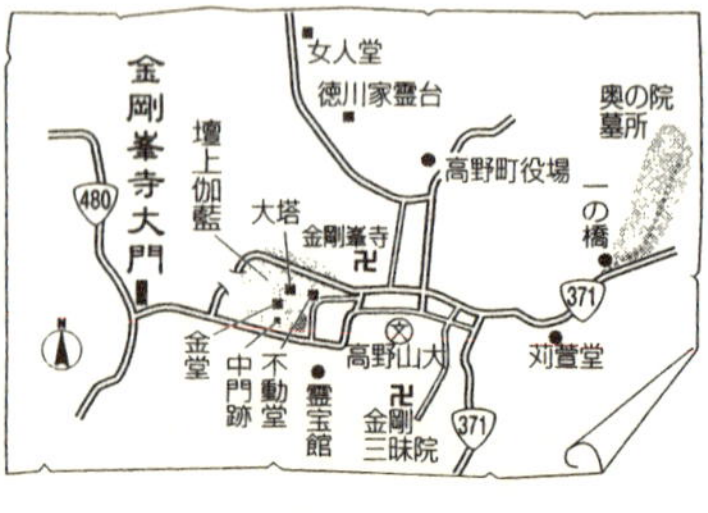

高野山金剛峯寺の正面にそびえ立つ大門。聖地と俗界との境だ

いう。平安時代も末になって門の姿になった。その後大門は三度の焼失を繰り返し、元禄十年（一六九七）から七年がかりで再建されたのが現在の大門である。

◇正大工を巡る争い

大門の棟札に「正《せい》大工」狭間《はざま》河内、「権《ごん》大工」長田《おさだ》出羽とある。狭間河内は高野山麓天野に住み、一方の長田出羽は紀ノ川に近い河根という集落に住む大工であった。

実はこの二人、父祖の代から高野山における仕事場の利権である「正大工」の地位を巡って争っていた。万治二年（一六五九）その争いは江戸の寺社奉行井上河内守の裁断を仰ぐ事となり、狭間太郎左衛門（大門棟札の狭間河内の祖父）と長田出羽（大門棟札の長田出羽の祖父）は、はるばる江戸へ下る。

狭間太郎左衛門は山内の別の紛争にかかわったとして投獄され、失意のうちに死去、訴訟は十五歳の子供猪之助に引き継がれた。寺社奉行の裁断は、天正の頃から高野山で働いている長田に対し、狭間はそれより遥か以前から高野山で働いていたことが確かめられたので、狭間を高野山の「正大工」と認めるというものであった。

この後幕末に至るまで正大工狭間、次席である権大工長田の序列は変わることがなかった。元禄に大門の「正大工」を勤めた狭間河内は、この時の狭間猪之助の子にあたる。

高野山の僧侶には古くから「学侶《がくりょ》」「行人《ぎょうにん》」「聖《ひじり》」の区別があり、宗門の法要や経営を巡り対立は絶えることがなかった。元禄五年（一六九二）行人方の僧六百二十七人が高野山から放逐されて流罪、行人方の坊院七百余りが取りつぶし、という結果で紛争は終結するが、「正大工」を巡る争いも、学侶行人の確執と密接に連動した争いであった。そして大門の再建費用はこの時取りつぶしとなった行人方の知行米で賄われたのである。

◇職人の苦悩

大門の再建は敷地の造成から始められ、高野山領内二十四カ村から延べ五千五百人が動員された。一年後の元禄十一年（一六九八）一通の願い書が寺に出されている。差出人は「日雇い清兵衛」とある。清兵衛は諸道具と衣類を質に入れ工事を行ったのに、一年たっても未だ代金が支払われていない、と言うのである。清兵衛は人足頭なのであろうか。賃

MEMO 天野番匠

高野山麓の天野に、高野山の鎮守、丹生都比売《にうつひめ》神社がある。現在の社殿は文明元年（一四六九）に再建されたもので、この時の記録に「天野番匠以上一七人」「サエモン二郎これは時の棟梁歳四二」とある。大門造営の正大工狭間河内はこの天野番匠「サエモン二郎」の子孫である。そして狭間氏は江戸時代の終わりまで天野を拠点に高野山の正大工であり続けるのである。時代が明治となり封建体制の崩壊とともに、高野山大工「狭間河内」は職を失い高野山そして天野の地からも去ってしまった。

金が一年も未払いとは酷な話である。

大工の狭間・長田の両人は、大門竣工に際し、連名で寺側に願い書きを出した。祝儀の事である。起工・地鎮・棟上げと工事の節目に期待していた祝儀はなく、材木代や手間賃の出費がかさみ難渋していること、竣工の祝儀が頼みの綱であること、などが切々と述べられている。祝儀は下されたが要望した額の十分の一であったという。

大門が竣工した年、今度は銅瓦の施工を請け負った清音という者が、工事中に立て替えた費用の一部がまだ支払われていないと申し出た。そればかりか寺の役人が大阪へ出向いた際の路銀や宿泊代まで立て替えたという。

これに対し寺側は答えず、ついに四年後の宝永四年（一七〇七）清音は、はるばる江戸に下って寺社奉行に寺側の非を訴えた。山内ではようやく詮議が始められたが、寺側に不払いはないと、主張は真っ向から対立する。翌年寺側は（1）六年間山の下草刈りを清音に請け負わす（2）山内の道筋に夜の灯明をともす費用を清音に支払う（3）清音が寺領内で勧進する権利を認める（4）寺社奉行の取り調べが本格的になると江戸へ出向する費用が必要となるので、その分を清音に支払う――などの条件を出して和解が成立した。清音は山内で清掃や墓所の管理、警護などを担当する僧侶であった。

風雪に耐え我々の前に建っている大門。三百年前、その再建に当たって多くの人たちの悲喜こもごものドラマがあったのである。

十　金剛峯寺不動堂

極楽往生を願う「一堂」

◇高野山一心院谷

電車とケーブルを乗り継いで高野山駅に降り、バスで山内へと向かう。木々に囲まれた山道はやがて山内への結界、女人堂へ。そこから長い坂道を下った辺りが一心院谷である。地名に残る「一心院」という寺は今はない。記録によれば、建久九年（一一九八）に行《ぎょう》勝《しょう》上人という僧がここに「一心院」を建てたという。道路脇に「心字池」という小さな池がある。行勝上人の造ったものと伝えられ、わずかに残る一心院の名残である。

心字池の北側、今は道路となっている辺りに、行勝上人ゆかりの「不動堂」という建物

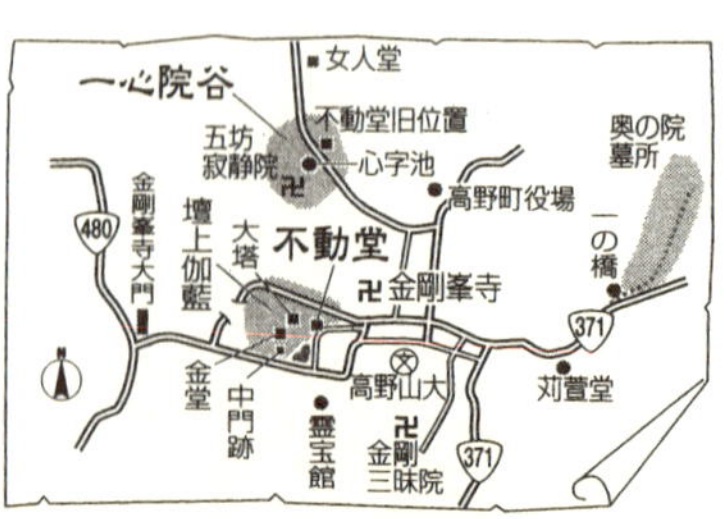

金剛峯寺の不動堂。四隅がそれぞれ異なる構造の特異な形式だ

が建っていたが、明治四十一年に移築された。高野山の象徴である大塔の建つ壇上伽藍《がらん》、その一角にある国宝金剛峯寺不動堂がそれである。不動堂の本尊はその名の通り不動明王。脇侍の八大童子《はちだいどうじ》像は大仏師運慶とその一派の作として有名で、幼子のような姿にファンは多い。移築はその由緒ある仏像と仏堂とを護持するための英断であった。

◇一心院と不動堂

一心院を創立した行勝上人は京都仁和寺の出身で、名声の高い僧であった。帰依する人も多く、その一人、鳥羽上皇の息女八條女院の願いにより不動堂は建てられたと高野山の記録にある。八條女院は十二世紀末にもっとも多くの荘園を領していた皇女で、八大童子像の寄進者にふさわしい。

承元二年（一二〇八）、行勝上人を慕い高野山の一心院に入った僧がいた。名は貞暁《じょうぎょう》。源頼朝の

MEMO 不動堂と四人の大工

江戸時代の案内記は、不動堂は四人の大工が四隅からバラバラに造ったので、建物の四隅がそれぞれ異なった形になった、と解説している。正面から見たとき、左右の隅は同じ姿に見えるが、軒の長さなどの寸法は違い、確かに四隅がすべて違った納まりなのである。四人の大工が勝手気ままに造ったとは思えないが、確かに不思議な形の建物である。仏像を安置する中央部分と、その左右に張り出して造られた小部屋の部分、それぞれが異なる用途を持っていたので、結果としてこのような姿が創り出されたのであろう。不思議な姿の解明は不動堂の謎を解く鍵でもある。

三男である。三代将軍実朝が暗殺された後、母北条政子は将軍職を継ぐよう求めたが、固辞したという。貞暁は二十四年間高野山にとどまり一生を終えた。鎌倉将軍家と縁を持った一心院は、頼朝と実朝の菩提《ぼだい》を祀る金剛三昧院とともに、十三世紀の高野山で最も勢力を持つ寺院となった。

先年、不動堂が修理された際「一心院」という墨書きが発見され、金剛峯寺不動堂が一心院の建物である事が確認された。また不動堂は十三世紀末頃に伐採された木材で建てられていることが年輪の調査で判明した。つまり現在の不動堂は行勝上人の時代よりおよそ百年ほど後、十四世紀初頭に再建されたものと考えられるのである。

◇不動堂の謎

不動堂の内部には漆塗りで彩られた須弥壇《しゅみだん》があり、その華やかさには目を奪われる。仏像はその壇上に安置されていたはずだが、今は霊宝館に移され、かつての荘厳の様子は不明である。今仮にこの須弥壇上に本尊不動明王坐像と脇侍八大童子像の九体を並べようとすると、ぎゅうぎゅう詰めで、とても納まりが悪いように思われる。

さらに、須弥壇の上をよくよく見ると厨子《ずし》の置かれていた形跡が残っている。不動堂の本尊は、現在伝えられている不動明王坐像ではなかった、と思えるのである。

かつての不動堂は心字池の北にあった。この構成は阿弥陀堂と浄土庭園を思わせる。古記録は、一心院には不動明王を安置した「本堂」の他に、阿弥陀三尊を安置した「一堂」があったと記している。

貞暁が一心院に安置したという阿弥陀三尊像が、一心院谷の五坊寂静院という寺に伝えられている。これこそ現在の不動堂本来の本尊だったのではないだろうか。今「不動堂」と称される建物は、実は古記録にある阿弥陀三尊を祀った「一堂」であったと思われるのである。しかし、阿弥陀三尊を安置する建物が「阿弥陀堂」ではなく何故「一堂」と記載されたのか、謎である。

中世の一心院で「二十五三昧講《さんまいこう》」という念仏僧の集まりのあったことが知られている。それは死を目前に迎えた仲間の僧を囲み、極楽往生を願う儀式であった。この「一堂」こそ阿弥陀三尊の前で極楽往生を願い、僧達が往生を遂げた場「葬堂」であったと想像する。不動堂の床板には刀傷のような不思議な傷が無数に残る。いったい何の傷なのか謎であるが、これこそ死者を浄土へ送る葬送儀礼の名残ではないだろうか。

一心院にはたくさんの建物があったが、それらはいつしか荒廃し、本堂の本尊・不動明王坐像と八大童子像が「一堂」に寄せ集められ、その結果「不動堂」と呼ばれるようになったと想像する。極楽往生を遂げる場であった「一堂」だけが何か特別な思いから守り伝えられたのであろう。

今はそれらの記憶も風化し、不動堂としてひっそりと大塔の下に建っている。

十一　金剛三昧院多宝塔

源氏三代の菩提を弔う

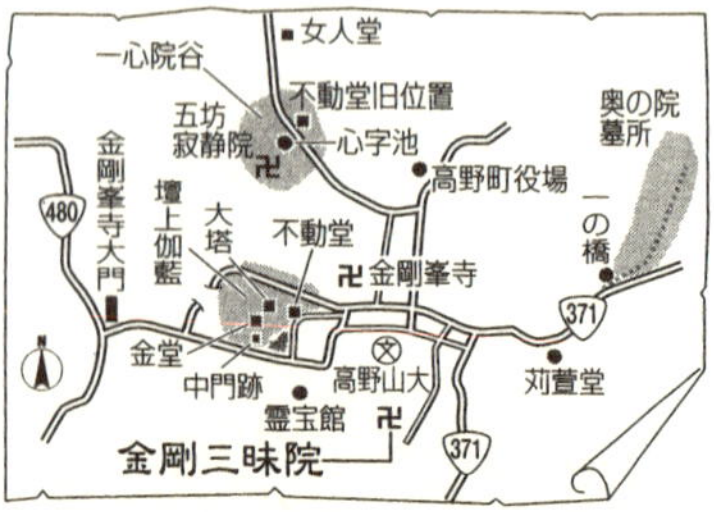

◇県内最古の建物

大塔伽藍《がらん》、本山金剛峯寺、奥の院、そして五十有余の宿坊寺院が集まり一大宗教都市の観を今に伝える高野山。多くの参詣者で賑わう中心の通りから少し南へ入り、人家の家並みのとぎれた先に「長老坊金剛三昧院《さんまいいん》」がある。その門を入ると左側に国宝の多宝塔が見える。この塔は、貞応二年（一二二三）に鎌倉三代将軍源実朝の菩提を弔うために建てられた、県内最古の建物である。

多宝塔は、正方形の一階部分に円形の二階を重ね、四角い屋根を乗せた形式の二重の塔。

金剛三昧院多宝塔。正方形の一階に円形の二階を重ね、四角い屋根を乗せた二重の塔。大日如来を象徴するといわれる

密教独特の塔で、密教世界の中心である大日如来を象徴するとされている。しかし高野山では特定の人の菩提を弔うためにも多宝塔が建てられた。

檜皮葺のその塔は心地よい安定感を感じさせる。近づいてみると朱色、黄色、白色の塗装が残り、建てられた当時は周囲の緑の中で定めし鮮やかであったに違いない。今は風雨に晒《さら》された木肌が八百年近くの歳月を感じさせる。塔内には金剛界の五智如来坐像が安置され、周囲は一面に華麗な宝相華紋の彩色で埋め尽くされている。まさに仏の世界である。

◇鎌倉武士の高野登山

金剛三昧院は初め源頼朝の菩提を弔うために創建されたという。しかし堂塔が整備され山内で大きな勢力を持ったのは、三代将軍実朝が二十八歳という若さで世を去ってからのことであった。

鎌倉幕府草創以来の有力武士であった安達景盛は、実朝の死を契機に出家し「大蓮坊覚智」と名乗り金剛三昧院に入った。以来、義景、泰盛と安達三代が金剛三昧院と高野山の強力な支援者となる。

実朝の死から三十年近くを経た宝治二年（一二四八）の『大井太郎朝光《ともみつ》寄進状』という文書が金剛三昧院に残る。これは、信濃国佐久地方を領した鎌倉武士、大井太郎朝光が伊賀国に持っていた地頭職を、金剛三昧院に寄進した書状である。そこには、「故右大臣

（実朝）のために建立した御塔一基」は「大弐尼《だいに》の宿願」であったこと、その塔の維持費として地頭職を寄進すること、そして先に「塔造営の奉行を任せられたことは殊に本望」であったことなどが記されている。この文書に記された「御塔一基」こそ現在残る金剛三昧院多宝塔と思われる。

大井太郎朝光は多宝塔建立に直接関わった人物なのである。塔の造営期間中、朝光は高野山に滞在していたに違いない。そして実朝菩提の多宝塔は「大弐尼」という実朝の養母が願主であった。大弐尼は源頼朝、北条政子の信頼が厚く、二代将軍頼家と三代実朝の養育係となった女性である。朝光は大弐尼の甥に当たる。寄進した地頭職は承久の乱の際の恩賞であったという。朝光は主家からの恩賞を主君の菩提のために寄進したのである。

◇金剛三昧院と一遍

大井太郎という人物が、国宝『一遍上人絵伝』に登場する。弘安二年（一二七九）に一遍上人が信州佐久郡の武士大井太郎の屋敷を訪れた場面で、大井太郎とその姉が名残惜しそうに上人一行を見送っている。それは、金剛三昧院多宝塔を造営した大井太郎朝光の子ないしは孫にあたる人物であろうか。この絵を見るとき、高野山で多宝塔建立の指揮を執った大井太郎に出会った思いである。

ところで一遍上人自身もその五年前、文永十一年に高野山に登っている。金剛三昧院の六代長老は、禅と密教と念仏に精通した「心地覚心」という僧で、高野山側の記録では一遍はこの覚心から禅の教えを受けたとされている。高野山で一遍は金剛三昧院を訪れたに違いない。

『一遍上人絵伝』の一場面に登場する一遍上人と大井太郎は、金剛三昧院というキーワードで繋がりを持っていたのである。一遍は高野山や金剛三昧院多宝塔の印象を大井太郎に語ったのだろうか。また『蒙古襲来絵詞』には、安達泰盛の姿と鎌倉の館が描き出されている。泰盛は祖父の景盛と共に高野山そして金剛三昧院に深く帰依した。泰盛が寄進し、その名を刻んだ高野山町石は今も残っている。また泰盛は私財を投じて経典の出版を行い、その時の版木四八六枚が金剛三昧院に現存する。

古文書や絵巻に思いがけなく金剛三昧院に関わった人たちの残映を見いだすとき、今改めて遥か八百年もの昔、高野山と遠い東国に深い交流のあったことを実感するのである。

MEMO 檜皮葺と板葺

金剛三昧院多宝塔の屋根は「檜皮葺」である。立木から剥ぎ取った檜の樹皮をまず、幅十五センチ、長さ七十五センチ、厚さ約二ミリの短冊のような形に加工し、次にそれを一枚一枚丁寧に並べ、竹釘を打って留める。このように葺かれた檜皮は軒の反りや屋根の曲線に柔らかに対応し、塔の美しさを引き立てる。しかしこの塔の屋根は、建立当初は檜皮葺ではなく、板葺であった。幅二十五センチ前後、長さ七十二センチ、厚さ約三センチ程の厚板を十八センチピッチで重ねて葺いていた。これは屋根裏に実物が残っている。多宝塔の優雅に見える屋根は、かつては鎧のような意外と無骨な表情を見せていたのである。それは武士の棟梁実朝にふさわしい姿だったのかもしれない。

十二　長楽寺仏殿

禅宗独特の建築様式

◇禅宗様式

有田川は高野山に源を発し、西に流れ紀伊水道に注ぐ。流域は有田ミカンの産地である。河口から十二キロほど遡《さかのぼ》り、南岸の丘陵地帯が山裾に突き当たる辺り、有田川町植野のミカン畑の中に摩尼《まに》山長楽寺がある。

さほど大きくはない仏殿と庫裏、小さな観音堂があるだけの寺である。しかし仏殿の重厚な瓦屋根は人目を引く。近づいてみると、軒を支える「組物《くみもの》」という部材が所狭しと密に配置され、軒の垂木《たるき》は扇を広げたように放射状に並ぶ。堂内に入ると、床は瓦敷き、柱

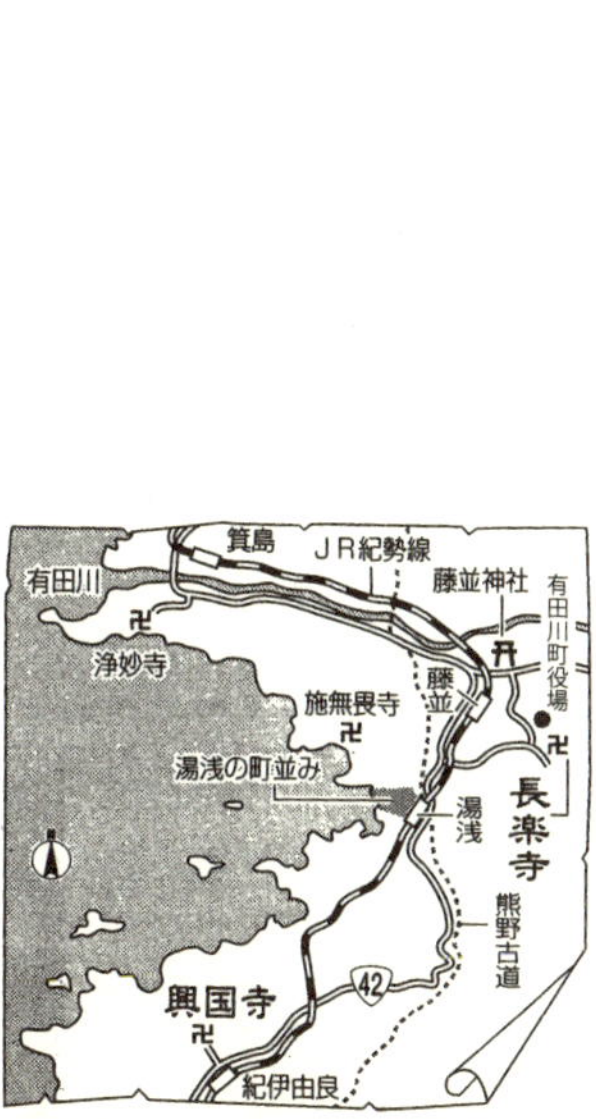

「組物」が複雑に配置されている長楽寺の仏殿内部

は高く、見上げると大きな梁《はり》や垂木、組物が賑やかなほどに組まれている。普段見慣れているお寺の本堂とは明らかに違う雰囲気が漂う。

これが「禅宗様《ぜんしゅうよう》」という建築様式である。禅宗様式は鎌倉時代の初めに禅宗と共に中国から導入された。長楽寺は仏殿の建築様式が示すように、臨済宗に属する禅の寺である。

長楽寺の由緒は、江戸時代の記録に「法燈国師心地覚心の隠居所で、亀山上皇が伽藍《がらん》を建立した。その後焼失し天正五年（一五七七）に仏殿を再建した」とある。

◇覚心と亀山上皇

寺の記録にある法燈国師心地覚心は十三世紀代の人で、東大寺で出家して高野山の金剛三昧院《さんまいいん》に入り、その後鎌倉や京で参禅修行し、さらに中国に渡って四年、ついに禅の法を得て帰国した。日本に禅を伝えた高僧である。

覚心は中国から「虚無僧《こむそう》」を伴って帰り、尺八を吹きながら諸国を巡る独特の宗派「普化宗」も伝えた。また「味噌」や「醤油」を日本に伝えたのも覚心だとされている。長楽寺からほど近い湯浅町は醤油の発祥地として知られ、今も醸造業を営む町並みが残っている。

覚心は、帰朝後再び高野山に登って金剛三昧院の長老に就任し、やがて和歌山県由良町の興国寺に招かれ、そこを拠点に熊野参詣道に沿って禅を広めた。覚心の教えと名声は熊野へ往来する人々を通して都へも伝わったという。

亀山上皇は後に南朝といわれる皇統の祖で、禅に帰依して出家し、禅僧となった初めての天皇として知られている。

当時は蒙古襲来や皇位争いなど、世情不安な時代であった。弘安四年（一二八一）三月、上皇は熊野へ詣でる。蒙古襲来に備えての勝利祈願のためであった。覚心のいた興国寺は熊野街道にほど近く、上皇は覚心の間近を通り過ぎたはずだが、この時二人の出会いがあったかどうかは確かめようがない。その後、上皇は京都南禅寺の建立を発願し、覚心を開山にと招請したが、覚心はそれを固辞し興国寺に籠ったという。それほど上皇は覚心に帰依していたのである。

永仁六年（一二九八）覚心は興国寺で九十二歳の生涯を終えたが、その法流は臨済宗法燈派として永く伝えられた。

◇寺伝の真偽

長楽寺に伝わる建立の由緒は真実なのだろうか。平成七年から行われた仏殿の修理の際「天正九」という墨書きが見つかり、寺伝の天正五年再建説は確かめられた。仏殿の下を発掘調査したところ火災の跡が発見され、焼失した前身の仏殿は十三世紀末に建てられたことも判明した。それは亀山上皇や心地覚心の生きていた時期と矛盾しないのである。

ところで長楽寺の付近には「南城寺」という古い寺があったと伝えられていたが、近年長楽寺の境内から平安時代に遡る寺の遺構が発掘された。長楽寺は、南城寺を復興する形で建てられた寺と思えるのである。長楽寺の本尊阿弥陀如来座像は平安時代の作で、同寺の創建時期より古い。これも南城寺の遺品なのであろう。

覚心の布教には一つの特色があった。それは廃寺同然になった寺を復興する事で禅宗を布教する手法である。長楽寺の場合もちょうどそれに当たる。覚心の隠居所であったという伝えは本当だったように思えてくる。覚心が長楽寺建立を志したとすれば、覚心に帰依した亀山上皇は進んで喜捨したに違いない。亀山上皇が伽藍を建立したという長楽寺の伝承は否定しきれない。しかし心地覚心や亀山上皇と長楽寺建立の実像にはなかなか行き着かない。

ミカン畑の中にぽつんと佇《たたず》む長楽寺の仏殿を見ながら、遠い昔の出来事に思いを巡らすのである。

MEMO 興国寺

長楽寺から南へ約十五キロ、由良町に臨済宗法燈派の本山興国寺がある。江戸時代まで長楽寺はこの寺の末寺であった。興国寺は初め「西方寺」と称し、「願生《がんしょう》」という僧が源実朝の菩提《ぼだい》を弔うために創建した寺であった。願生は「葛山五郎景倫《かげみち》」という鎌倉武士で、実朝の死後出家し、高野山の金剛三昧院に入ったが、由良庄の地頭職を持つ「聖」であった。金剛三昧院で心地覚心と出会った願生は、覚心の入宋を経済的に支援し、帰朝後は由良の西方寺を禅刹に改め、法燈国師心地覚心を開山第一世として迎えた。禅刹興国寺と密教の道場高野山は、願生と覚心という二人の僧を介して深く繋がっていたのである。

十三　長保寺

紀州徳川家歴代藩主の墓所

◇浜仲荘の古寺

和歌山市から南へ約二十キロ、海南市下津町の辺りは古くは浜仲荘と呼ばれていた。JR紀勢線の下津駅を降りて東へ歩くこと約三十分、宮川という小さな川沿いの平地は三方を紀伊山地の山裾に行く手を阻まれる。

宮川の北岸、南に開けた山裾に紀州徳川家の菩提寺「長保寺」がある。川を渡るとすぐ大門である。参道は真っ直ぐ北に延びその先に石段がある。石段を登ると正面に本堂、右手に多宝塔が立つ。右手奥の鬱蒼《うっそう》とした森の中には、紀州徳川家歴代藩主の墓所がある。

長保寺が紀州徳川家の菩提寺となったのは、寛文六年(一六六六)で、初代藩主頼宣が晩年を迎えた頃であった。しかし長保寺はこの時に建てられたのではなく、創建は平安時代、堂塔は鎌倉時代の再建で、当時の紀州でも有数の「古寺」であった。

◇長保寺の由来

室町時代に書かれた『長保寺縁起』によると、長保寺は長保二年(一〇〇〇)に一条天皇の勅願によって創建されたという。この寺伝を裏付ける資料は他に無く、その真偽は不明である。しかし、長保二年は一条天皇の皇后定子が亡くなった年で、天皇が寺院建立を発願したとする寺伝には、少なからず真実味を感じる。

ここ浜仲荘は、十二世紀中頃には関白藤原忠実の荘園であった。いつから藤原氏の荘園になったか不明だが、その起源が一条天皇の代にまで遡るとすれば、関白藤原道隆の娘である定子の菩提を弔う寺がここにあっても不思議ではない。

寺院草創の由来は遠い時の闇に閉ざされているが、長保寺は十三世紀末に浜仲荘の中心的寺院として記録に登場する。延慶四年(一三一一)には現在の本堂が再建され、正平十二年(一三五七)に多宝塔、嘉慶二年(一三八八)に大門が再建された。正面五間の本堂と、多宝塔、大門などの立ち並ぶ様子はまさに大寺の風格である。これらの堂塔は現在国宝となっている。大門に掲げられた扁額は十四世紀の中頃、後光厳天皇の皇子尭仁《ぎょうにん》法親王

国宝となっている長保寺の本堂（左）と多宝塔。大寺の風格を感じさせる

の筆で、この寺が皇室と繋がりのあったことを伝えている。

寺の記録によれば、ここを訪れた初代藩主頼宣は、古のまま残る堂塔の姿に心打たれ、また大門付近から見る周囲の景色が、熊野の那智山の山並みに似ていることに感銘したという。そして由緒ある大門の扁額は宝蔵に納めてその代わりに写しを作って掛けること、大門前の橋は旧跡にふさわしい自然石の石橋に掛け替えること、本堂前の自然石の階段は決して切石などに変更しないこと、山には杉を植え深山の趣を保つことなど、細かな指示をしたという。

一条天皇勅願の由緒と堂塔の風格は藩主の寺にふさわしい、山に囲まれた自然要害の場所は藩主の墓所として最適の地である、頼宣の目にはそう映ったに違いない。頼宣はそれまで真言宗であったこの寺を天台宗に改めさせて菩提寺とし、寛文十一年（一六七二）に遺言通りここに葬られた。

◇中世寺院の造形

中世に建立された長保寺の本堂は、木柄の太い柱や梁、巧みな木組、覆い被さるような深い軒が重厚である。それでいて軒先は隅に向かって大きく反り上がり、その軒反り曲線は軽やかさを感じさせる。堂内は格子戸で内陣を区切り、中世独特の荘厳で清浄な法会の空間が創り出されている。

多宝塔は小さく可憐である。しかし部材一つ一つは建物規模に比べて大きめに造られているので力強さを感じさせる。二階の屋根を支える円形の組物部分は、沢山の小さな部材が積み上げられているように見えるが、実際はいくつかの大きな材を組み上げたもので、その材の表面に小さな部材の形を彫り出して形を整えている。構造的強度の確保を求めた工匠の技には敬服する。一階のかえる股には牡丹の花などをモチーフにした薄く繊細な透かし彫りの彫刻が飾られ華やかである。

大門も規模こそ大きくないが均整のとれた建物で、鳥が翼を広げたような屋根の姿が美しい。実は棟の長さを短くし、両妻の屋根の流れが大きくなるよう、造り方に工夫がされているのである。

江戸時代に編纂《へんさん》された『紀伊続風土記』には長保寺を「今頃の建物に比べ棟が低く、彫

MEMO 大門の欄間彫刻

長保寺の大門にはおもしろい彫り物が飾られている。お寺に生臭いものは禁物なはずなのに正面中央の欄間に魚の彫刻がある。門を通り抜け振り返ると、背面側の欄間には中央に三個の珠を置き、竜と虎が向かい合う彫刻がある。正面と背面の二つの彫刻を合わせて中国故事「登竜門」と解いてみた。中国黄河上流の急流「竜門」を登り切った鯉は竜になって天に駆け上るという伝説で、立身出世の関門のたとえである。この寺門を潜る者の心構えが問われているようである。この欄間彫刻は十七世紀中頃の作と推定され、徳川家の菩提寺となった頃に付け加えられたものであろう。

刻などの飾りもなく、質実剛健、古色蒼然、まさに霊場である」と評し、その古式な造形に注目している。

三百五十年余り前、長保寺の堂塔やその周辺の風景を見て感銘を受けた藩主頼宣と、以後歴代藩主の霊は今ここに眠る。頼宣の見た風景は今も大きくは変わっていない。そしてこれからも変わらずにいて欲しいと切に願うのである。

十四　道成寺

歴史語る三体の千手観音

◇絵解き説法の寺

和歌山県中部を流れる日高川の河口から約五キロ遡った北岸の日高川町鐘巻に、安珍清姫の物語で有名な道成寺がある。ＪＲ紀勢線の道成寺駅から徒歩で五分余り、六十二段の石段を登ると仁王門にたどり着く。門を入ると正面に本堂、右手に三重塔、左手には少し離れて近年建てられた縁起堂と宝仏殿がある。

縁起堂では『道成寺縁起』という絵巻を見せながら、安珍清姫の物語を語り聞かせる「絵解き説法」が行われている。

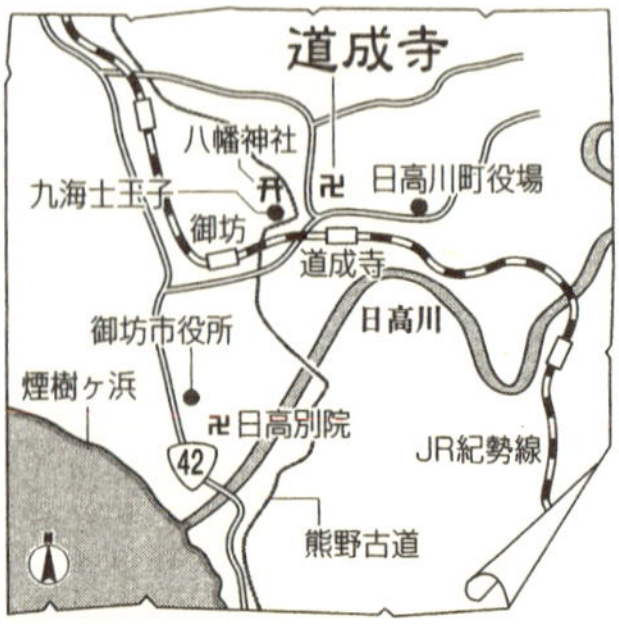

安珍清姫の物語で知られる道成寺の本堂と三重塔。力強い木組が寺の「格」を感じさせる

延長六年（九二八）奥州から熊野に参詣する僧安珍は清姫という娘にみそめられた。参詣を終えたら必ず再会すると誓った安珍であったが、清姫の家には立ち寄ることなく通り過ぎてしまった。裏切られたことを知った清姫は安珍を追いかけ、道成寺に逃げ込んで釣り鐘に隠れた安珍を鐘もろともに焼き殺す、という筋書きである。時が経って正平十四年（一三五九）に再び鐘が鋳造された時、清姫の亡霊が現れたという。その様子が能や歌舞伎の「娘道成寺」に仕立てられた。

仁王門の脇に「文武天皇勅願」「大宝元年（七〇一）建立」と刻まれた石標が建つ。寺の伝えでは、文武天皇の后宮子《みやこ》姫の願いを聞いた天皇が、大臣紀道成に寺を造営させたので、「道成寺」と名付けられたという。そして藤原不比等の娘とされる宮子姫は、実は道成寺の近く「九海士《くあま》の里」に住む海士の娘であったという。

寺伝を裏付けるかのように、境内から東西八十メートル南北五十メートルの回廊跡と、奈良時代の瓦が発見されている。道成寺は千三百年の法燈を今に伝える寺なのである。

◇本尊千手観音

道成寺の本尊は国宝千手観音立像である。高さ三メートルほどのその像は平安時代初めの作という。今は宝仏殿に安置されているが、かつては本堂の内陣奥深く厨子《ずし》の中に秘められていた。そして本堂にはこの本尊と背中合わせに、もう一体の秘仏「北向き本尊」という大きな千手観音像が安置されていた。二十年ほど前、本堂の修理に先だって「北向き本尊」を移した時、偶然にもその胎内からさらにもう一体の千手観音像が発見されたのである。

「北向き本尊」の胎内には、宮子姫がお祀りした一寸八分の金色に光り輝く観音像が納められている、と伝えられていたが、発見されたのは二・五メートルもある大きな木造の千手観音であった。随分朽ち損じてはいたが、表面の金箔《きんぱく》は鮮やかに輝いていた。奈良時代の作と推定されるこの像こそ、道成寺の根本の千手観音であったに違いない。封印を解かれたこの像は近年修理され、再び蘇った。

◇本堂の再建

MEMO　道成寺の古代伽藍

道成寺の古代伽藍《がらん》発掘調査の結果、現在の仁王門は中門跡に、三重塔は古代の塔跡に、本堂も古代の堂跡に再建されていることが明らかとなった。仁王門を入って左側には塔と向かい合って金堂跡があり、明治まではそこに釈迦堂という仮堂が建っていた。塔と金堂を囲むように、中門の左右から本堂に至る回廊が巡らされていた。回廊は複廊という大寺院でしか用いない形式のものであった。本堂の地下からも古代の堂跡が検出されている。本堂は境内中央の最も高い位置に建ち、この堂を中心に伽藍が構成されていたようである。本堂は古代においても道成寺の根本堂だったのである。

現在の本堂は正平十二年（一三五七）に建てられ、天授四年（一三七八）に瓦が葺かれた。正面の柱間が七間、奥行きが五間で本瓦葺きの堂々とした仏堂である。

特別目立つ飾りがあるわけではないが、太い柱や梁などの木組は言い知れぬ迫力をもって見る者に迫ってくる。正面の扉の桟には断面が三角形の材が使われていて特徴的である。これは奈良の東大寺に属した工匠の持っていた技術といわれている。瓦は有田川町藤並に住む工人の作であることが、瓦の刻銘によって知られる。鬼瓦には天授四年の年号と本堂建立の施主「源金比羅丸」の名が刻まれている。金比羅丸は当時この辺りを支配していた甲斐源氏の流れをくむ南朝方の武士であった。

再建後約四百五十年を経た文化十一年（一八一四）に大きな修理が行われ、腐れの大きい三本の柱が取り替えられた。直径五十センチ、長さ五メートル余りの大きな柱は、建物が建ったままの状態で一本ずつ抜き替えられていた。実に巧妙な技である。

この時使命を終えた古い柱は屋根裏に保管されていた。この由緒ある本堂は部材の一つ一つに仏の魂が込められている。修理に携わった人たちはそんな強い信仰を抱いていたように思える。それはかつて大きく朽ちて破損した根本の千手観音像を、新しい仏像の胎内に籠め、秘仏の「北向き本尊」として祀ったのと同じ思いなのであろう。

遠い昔から伝えられたこれらの仏像と本堂を、そしてそこに生きた人々の営みや思いまでをも、我々は時空を越えて明日へと伝えて行きたいものである。

第3章

時空のドラマチック

◉武内雅人

一　海南市藤白

有間皇子の悲劇伝える坂道

◇激動の時代

七世紀は律令国家の揺籃期である。唐・新羅が、倭《わ》と同盟関係にあった百済へ侵略を始め、この脅威に対抗するために倭は、古墳時代国家体制の近代化を迫られることになった。

中大兄皇子らによる蘇我入鹿の打倒から、持統天皇即位までの数十年間は不安定な政治が続き、さまざまな利害や路線の対立のため、兄弟・親子間の激しい権力闘争が行われた。

中大兄皇子には、間人《はしひと》皇女や額田王らとの極めて不適切な関係の噂があり、この時代に関する日本書紀の記述は、ゴシップ好きの我々の興味をかき立てる。

有間皇子の墓は、坂を降りきった最初の平坦地にある。処刑執行もこのあたりかと思わせる

◇クーデター未遂事件

斉明天皇四年（六五八）に起こった有間皇子の変も激動期のエピソードの一つである。
中大兄皇子らとの権力闘争に敗れた孝徳天皇は、悲憤のうちに難波京で死を迎え、先の女帝であった皇極天皇が斉明天皇として再び即位することになった。斉明天皇は高齢であったため、次の皇位継承者として、孝徳天皇の子である有間皇子が浮上することになった。

中大兄皇子との皇位継承争いを恐れた有間皇子は、身を守るため狂人を装っていたが、牟婁《むろ》の温湯《いでゆ》（白浜温泉）で快癒したと斉明天皇に報告する。

これを聞き、溺愛する孫、建《たける》皇子の死に打ちひしがれていた斉明天皇は、中大兄皇子らと共に牟婁の温湯に出発した。

留守中、蘇我の赤兄《あかえ》が斉明天皇の悪政を挙げ、有間皇子にクーデターをそそのかした。赤兄は蘇我馬子の孫である。有間皇子が信頼できる同志と思ったのも無理はなく、十一月五日には共同謀議に至ったが、その夜、寝返った赤兄によって側近四人と共に捕まってしまった。

この事件は、中大兄皇子による謀略説が有力であるが、赤兄にすれば、滅亡の危機にある蘇我氏の生き残りを賭けた博打《ばくち》であった。蘇我氏は最終的には滅亡するが、この後、赤兄は左大臣に出世し、即位して天智天皇になった中大兄皇子の後宮に娘を出している。

クーデター発覚の知らせは早馬で牟婁にもたらされ、有間皇子らは牟婁に護送された。九日に中大兄皇子らの尋問を受け、大和への帰路十一日に、藤白坂で有間皇子は絞首、側近二人は斬首され、二人が流罪となった

家にあれば　笥《け》に盛る飯を草枕　旅にしあれば椎の葉に盛る
磐代《いわしろ》の浜松が枝を引き結び　真幸《まさき》くあらばまた還《かえ》り見む

万葉集に、もの悲しい歌を二首のこし、十九歳の有間皇子は、紀伊国の藤白坂で処刑された。歌は処刑の旅の道すがらに詠まれたとされ、磐代は、彼方に白浜半島を望むみなべ町岩代《いわしろ》に比定されている。

◇処刑の地

海南市藤白にある坂は急峻で、馬では越えられない。馬の乗り継ぎ地でもあり、藤白坂は紀南地域への交通の要所であった。平安時代から始まる熊野参詣の史料に、藤白坂は熊野への入り口として度々記されており、古くから使われている地名である。従って、処刑の地もこの地で間違いないだろう。

そうすると、日本書紀によれば、九日の尋問から十一日の処刑までに、陸路百キロ余りを移動していることになる。徒歩では不可能な行程だが、古代の駅制によれば、馬での移

動は一日百二十八キロが目安であったから、馬なら可能だ。皇子の死出の旅は、馬に揺られたものであった。

藤白坂を下ってすぐの藤白神社の境内には有間皇子神社があり、近くには皇子の墓もある。墓というのは、中世以降の五輪塔数基分の部材を寄せ集めたもので、本物ではないが、花を手向ける人は今も絶えない。

皇子の墓の有力候補は、和歌山県御坊市にあるが、この地を皇子の処刑の地として語り継ぎ、魂を鎮めるためには、さまざまなモニュメントが必要とされたのである。

MEMO 藤白坂

有間皇子が処刑されたといわれる藤白坂は、熊野古道としてハイキングに訪れる人が多い。坂には一丁（一〇八メートル）単位の旅程を示す一丁地蔵があり、熊野参詣にまつわる説話の舞台「筆捨ての松」がある。坂を上り詰めると、地蔵峰寺があり、休憩所もある。本堂と内部にお祀りされた高さ三メートル余りの砂岩の地蔵菩薩はともに国の重要文化財だ。寺の裏手にまわると、和歌浦、淡路が望め、風光明媚。藤白神社の境内には、全国の鈴木姓発祥の地とされる鈴木屋敷などがあり、一帯は故事来歴が豊かである。

二　御坊市岩内一号墳

有間皇子の墓の有力候補

◇悲劇のプリンス

斉明天皇四年（六五八）、クーデター計画の発覚により、中大兄皇子との皇位継承争いに敗れ、紀伊国藤白坂で絞首された有間皇子の人気は高い。アニメ化された彼の今風のイメージは、繊細かつ美形である。

悲劇故の判官びいきは古代でも同じで、皇子の処刑後も行われた天皇の牟婁《むろ》（現在の白浜）御幸の際に、皇族や官人が皇子への想いを込めて詠んだ歌が、万葉集には数首ある。

磐代の野中に立てる結び松心も解けず古思ほゆ（長忌寸吉麿）

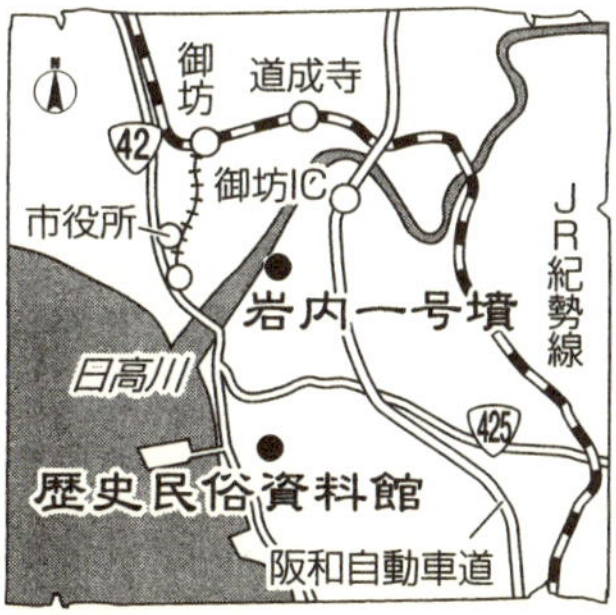

後見むと君が結べる磐代《いわしろ》の子松がうれをまた見けむかも（柿本人麿）
白波の浜松が枝の手向けぐさ幾代までにか年の経ぬらむ（川島皇子あるいは山上憶良）
いずれも、牟婁滞在中の中大兄皇子のもとに護送された有間皇子の歌「磐代の浜松が枝を引き結び真幸くあらばまた還りみむ」に対する感傷が表現されたものだ。有間皇子の心情は、古代の人々の深い共感を得ていたのである。

◇鄙《ひな》にも希な貴人の墓

さて、有間皇子の墓であるが、その有力な候補が御坊市にある岩内一号墳である。この古墳からは、昭和二十四年頃、飾り金具を付けた漆塗りの棺、柄に銀線を巻いた太刀など、高価な品々が見つかっていた。

昭和五十三年に改めて発掘調査をしたところ、七世紀前半に造られた一辺約二十メートルの大きさの方墳であることが判明した。石室は、巨大な石材を使用した横穴石室で、墳丘は粘土を突き固めて造った丁重なものだ。

同じ頃に造られた紀伊国の首長の墓が、和歌山市の岩橋千塚古墳群内にある。井辺一号墳と呼ばれるこの古墳は、一辺が四十メートルの方墳で、岩内一号墳より大きいが、石室は薄い板石を積み上げた地元の伝統的な横穴式石室である。

一方、岩内一号墳の造りや副葬品は和歌山県には類例がなく、飛鳥の貴人の墓を思わせ

有間皇子の墓とされる岩内一号墳。復元工事では、子供たちが石を載せた修羅を引いた

る格式高い内容である。岩内一号墳の石室の大きさを、位に応じた墓の規模を定めた大化の薄葬令に当てはめると、王以上の墓に相当するという。造られた時期も、有間皇子の墓にふさわしく、その可能性は高い。

では、どうして有間皇子は岩内の地に葬られたのだろうか。

◇塩屋連鯯《このしろ》

藤白坂で斬首された皇子の側近には、塩屋連鯯という人物がいた。この人物についての、詳しいことはわからないが、御坊市塩屋出身の豪族である可能性が高い。

日高川左岸の御坊市塩屋付近には、四世紀末から六世紀後半にかけての古墳が連綿と造られており、日高川流域一番の豪族の本拠地であった。

古墳からの出土品には、遠く愛知県猿投《さなげ》地方で

MEMO 塩屋界隈考古学散歩

岩内一号墳は全壊に近い状態であったが、今は県指定史跡として復元されている。出土遺物は、少し離れたところにある御坊市歴史民俗資料館で展示されている。古墳や資料館へのJR駅からの交通手段は、タクシーしかなく不便だが、有間皇子ファンには必見である。海岸に行くと火力発電所があるが、そこへの進入路には、四世紀の竪穴住居や方形周溝墓と呼ばれる墓が復元・公開されている。塩屋連の祖先の遺跡だろう。

生産された須恵器と呼ばれる焼き物があり、塩屋の豪族は海上交通を得意としたことをうかがわせる。

有間皇子が、病の治療と称して、当時よく知られていた有馬温泉ではなく牟婁の湯を訪れたのも、斉明天皇・中大兄皇子らを牟婁に誘い、クーデターを計画したのも、塩屋連が御坊市出身であるなら理解が容易である。

塩屋の勢力は水軍を擁しており、大和と塩屋で兵を挙げれば、海陸の道を断たれた斉明天皇一行は牟婁に孤立し、クーデター軍は、政治の中枢を掌握することが可能なのだ。

こうした地政学的な判断が有間皇子と御坊市岩内との深いかかわりの背景にあるのではないだろうか。

そう考えると、有間皇子のクーデター未遂事件は、中大兄皇子によって仕組まれた冤罪《えんざい》ではなく、有間皇子が主体的にかかわり計画したものといえるだろう。

藤白で処刑された有間皇子と鯯の遺体を引き取った塩屋連の一族が、皇族にふさわしい墓を造り、皇子を懇《ねんご》ろに弔ったのが、岩内一号墳ではないだろうか。

三　白浜町崎の湯

古代セレブが愛した磯の湯

◇日本書紀の湯

有馬、道後、白浜の三カ所が八世紀初頭に編纂《へんさん》された日本の正史に記載された温泉地である。

白浜温泉は日本書紀では「牟婁《むろ》の温湯《いでゆ》」あるいは「紀の温湯」と呼ばれ、「有間皇子の変」にとって重要な役割を果たした。

中大兄皇子との政争に敗れ、難波宮で悲憤の死を遂げた父、孝徳天皇の無念を晴らすべく、有間皇子は、中大兄皇子や斉明天皇をこの地に誘い出し、留守中のクーデターを計画

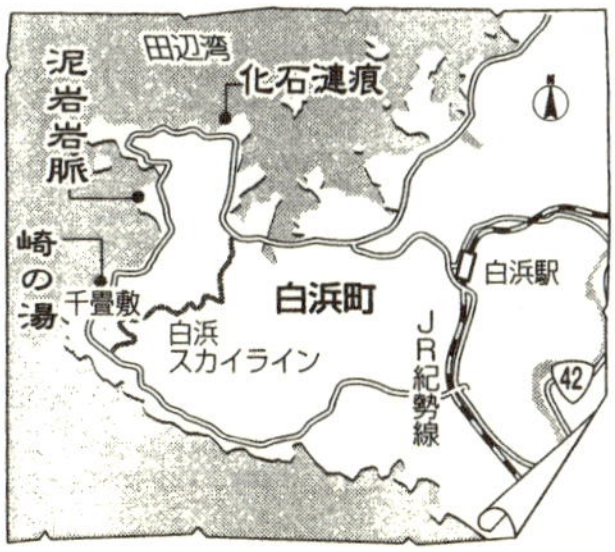

崎の湯はあまりにも海面に近いため、荒天時は閉鎖されることもある

したのである。

白浜温泉に現在のような内湯ができたのは、昭和になってからで、それまでは湯崎七湯と呼ばれた自然湯壺が利用されていた。このなかで、崎の湯という湯壺が最大で、現在も利用されている。

こうしたことから、古代の「牟婁の温湯」というのは現在の崎の湯である可能性が高い。

◇御用達の湯

崎の湯は、磯の岩肌に湯壺があり、打ち寄せる波や白浜湾の風景を眼前のパノラマとして見ることができる。眺めだけで精神の不調が快癒したという有間皇子の話も、あながち嘘とは思えない絶景である。

皇子の薦めで、この温泉に癒しを求めた斉明天皇は、ロケーションがよほど気に入ったと見えて、舒明天皇十年（六三八）十月十五日から二カ月半の長期にわたり滞在している。天武天皇十四年（六八五）、「牟婁温泉、没《うも》れて出でず」と紀伊国司より報告があったのも、この温泉の国家にとっての重要性を物語っている。

その後も、持統天皇四年（六九〇）には持統天皇、大宝元年（七〇一）には文武天皇と引退した持統天皇の御幸があり、永久四年（一一一六）にも、正四位下藤原仲実が「ましららのはまの走り湯浦さびて今はみゆきのかげもうつらず」と詠うなど、崎の湯は永きにわたり天皇・貴族に愛されたセレブの湯だったのである。

MEMO 地球の神秘

温泉は地球が生きてる証であるが、白浜にはこの他に、地質学的に見るべきものが多い。三所《さんしょ》神社周辺の海岸には、水性の堆積岩である泥岩が、平らな岩盤を貫いた岩脈として見られる。これは地震による液状化現象により、地中から砂や泥が噴出したものが岩となったものだ。また、江津良《えづら》の海岸には砂浜に残された漣《さざなみ》の痕や、カニやシャコの巣穴が岩となった化石漣痕《れんこん》と呼ばれるものがあり、今と異なる波の方向が観察できる。千五百万年前の巨大地震や海岸の化石が見られるわけだ。共に非常に珍しく、国指定天然記念物となっている。

◇万葉の牟婁紀行

天皇の御幸の様子は、随行する人々の詠んだ歌により知ることができるが、それによると、紀ノ川沿いに南海道を陸路で下り、今の和歌山市にあった雄ノ湊からは海路であった。斉明天皇の御幸の場合、日本書紀によれば大和から陸路三日、海路一日で白浜に至っている。

持統・文武両天皇御幸に随行した柿本人麻呂収録の歌には、海南市「大崎」、由良町「由良崎及び白崎」、みなべ町「南部の浦」など海から見た風景があり、海路を船で進む様がよくわかる。

そのなかで「藤白のみさか」や「磐代《いわしろ》の松」など陸路の地名が詠いこまれたのは、彼らの旅の実態とは異なっているが、有間皇子の悲劇を偲《しの》んだものである。

兵士、文人、女官、医者らを随行し、食料、衣料、什器《じゅうき》などを携行した大がかりな旅である。留守中の政治や緊急時の連絡網に抜かりがあってはならない。気軽に企画されるものではなく、重要な意義があるはずだ。

文武天皇御幸は、大宝律令の制定直後に行われており、律令国家完成記念イベントの性格が見て取れる。その行き先が牟婁の温湯なのは、国家揺籃期の悲劇に対する追悼の意味があったのかも知れない。少なくとも、随行の歌人たちはそう意識していたはずだ。

◇白浜今昔

白浜の由来となった白良浜は、砂岩の分解による石英砂からなり、先に挙げた藤原仲実の他にも、西行法師が「波よする白良の浜のからす貝拾ひやすくも思ゆる哉」と詠うなど、古来広く知られた名勝であった。

浜の真砂は尽きぬものとばかり、白良の砂は明治から大正にかけて、ガラス原料として大阪に船積みされた。

時は移ろい、海流まで変化し、やせ細った浜にはオーストラリア渡来の砂が補給される。行宮が設けられた丘陵には、ホテルや別荘が立ち並び、椰子・フェニックスが、風土・歴史を無視して南の他国を演出する。だが、崎の湯から望む海は、昔と変わってはいない。悲憤のうちに逝った父を想い、クーデターの決意を固めた有間皇子や、孫の死を悲しむ斉明天皇、こうした歴史を追憶する持統・文武天皇らが湯壺から眺めた景色を、今も見ることができる。

アロハシャツ、ビキニも悪くはないが、この温泉にまつわる古代史に思いを馳せ、のんびり入浴するのもまた格別ではないだろうか。

四　津波モニュメント

湯浅湾に残る石碑と堤防

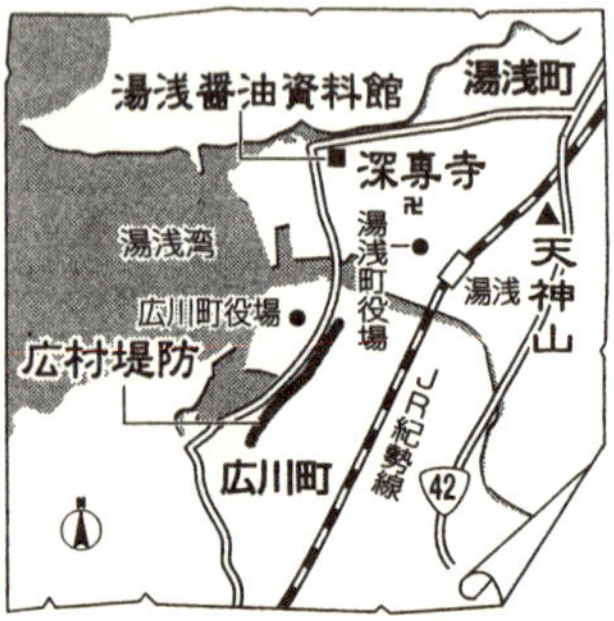

◇安政の大地震

スマトラ沖地震の津波でインド洋周辺諸国に未曾有の被害がもたらされ、日本でも、改めて南海・東南海地震と津波の危機が差し迫ったものとして語られている。

和歌山県では、周期的に起こる南海・東南海地震の被害を繰り返し被っているが、湯浅湾には安政元年（一八五四）の津波被害のモニュメント二つが残されている。

この年十二月二十三日午前十時、マグニチュード8・4と推定される東南海大地震が起こり、その三十二時間後に、今度は紀伊半島から四国沖を震源地とする南海大地震が起

広川町の広村堤防。江戸期、津波を防ぐため浜口儀兵衛が私財をつぎ込んで築いた。今も町を守る

こった。この二つの地震は必ずほぼ同時に起こるのである。

両方の地震と津波による被害は死者三千六百人にも達したという。今より人口密度が低く、液状化現象や浸水の危険の高い埋め立て地がほとんど無い時代である。あまりの被害の大きさに、直ちに嘉永から安政に改元が行われた。

◇防災マニュアル

湯浅町の深専寺《じんせんじ》に「大地震津波心得の記」という石碑が残されている。宝永四年と安政元年の二度にわたる津波の教訓を後世に伝えるため建立されたもので、いわば永久保存版の地震・津波マニュアルである。

和泉砂岩に地震や津波の様子のほか「昔から津波の前には井戸の水が減ったり濁ったりすると言われるが、そんなことはなかった。今後は井戸の水など気にせずに、大地震があればまず火の用心を行い、津波が来ると心得て、浜や川筋に逃げずに深専寺の門前を東に通り、天神山に立ち退くべし」という意味のことが刻まれている。

今時、毎日井戸水の様子を見る生活はまずないだろうから、私たちが教訓とすべきは、火の始末と日頃からの避難路の周知や明示であろう。

◇生き神様

隣の広川町は、修身の教科書にあった「稲むらの火」のモデルとなった実話の舞台である。

千葉県で醤油製造業を継いだ浜口儀兵衛（のち梧陵）が、たまたま帰郷したおり、安政大地震に遭遇した。最初の地震による津波を察知した彼は、村人の避難誘導にあたり、村内の巡視や海の監視を組織した。

翌日、二回目の地震と津波が襲い、村は被害と混乱を極めた。儀兵衛は、逃げ遅れた村人が方向を見失わないように、積み上げた稲に火を放ちながら高台に戻った。これが「稲むらの火」だが、停電時における夜間の避難路の確保は、これからの防災対策の重要な課題であろう。

儀兵衛の活躍にも拘わらず、合計四回に及ぶ津波のため、村は大被害を被ったが、ここ

MEMO 醤油のまち

深専寺の石碑は、安政三年（一八五六）十一月に建立された。石工は和歌浦の不老橋を手がけた石屋忠兵衛で、寄付者は計五十一名である。そのなかに、花（糀の意味）屋と桶屋の屋号をもつものがそれぞれ二名見られるのは、いかにも醤油や味噌の醸造業が盛んであったこの地域らしい。広村の「生き神様」も醤油醸造家で、湯浅湾の地震記念物には醤油つながりがあった。湯浅の街には、今も伝統的製法を守る醤油屋があり、美味である。資料館もあり、見学ができる。

からが彼の真骨頂である。

儀兵衛は近隣の寺・庄屋から米を借り受け、炊き出しをするとともに、被災者用住宅を建設。次に被災者の失業対策と防災のため、大堤防の建設を計画した。

藩から許可を得るや、村人延べ五万六千七百三十六人を雇用し三年十ヵ月の歳月をかけて、高さ五メートル、幅二十メートル、長さ六百メートルの大堤防を完成させたのである。それに要した費用のほとんどが、彼の私財であったという。

この堤防は、昭和の南海大地震の津波を見事に防ぎ、今もなお町を守っている。現在では国や地方自治体が果たす役割を、この頃は人徳高い金持ちが行ったのである。

彼はこのほか、郷里の学業振興のため私塾「耐久舎」を創設するなどし、新政府の郵政大臣や初代和歌山県議会議長なども務めた。

村人は彼を「生き神様」と敬い「浜口大明神」なる神社を建立しようとしたが、梧陵はこれを頑として拒んだという。このような話を知った小泉八雲は「A Living God」という物語として彼を世界に紹介した。

梧陵の偉業を忘れないため、彼の築いた堤防が昭和十三年に国の史跡に指定されたが、今も昔も所持金の多少ではなく、使い方で人は評価されるべきであろう。

五　田辺市中屋敷

熊楠の魅力伝える旧宅と庭

◇口熊野

田辺は「口熊野」と呼ばれ、後背に熊野の山村を抱えた商工業の中心地として栄えた。有名な「備長炭」は、熊野の白炭を田辺の備後屋長右衛門が江戸にブランド炭として出荷した事に由来する。

このように、田辺は熊野の自然に密着した都市であった。南方熊楠にとって田辺は、「至って人気よろしく、物価安く静かにあり、風景季候はよし」というだけでなく、研究フィールドとして魅力ある地であった。

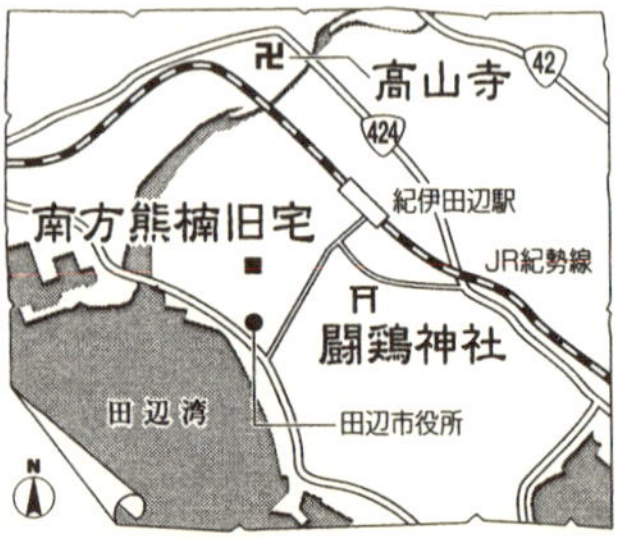

熊楠は長い海外生活の後、田辺に居を構え、四十歳にして闘鶏神社の宮司の四女と結婚した。大正五年から七十五歳で没するまでを過ごした旧宅が、田辺市中屋敷町に今もあり、平日は一般公開されている。

旧宅は敷地四百坪、標本室にした土蔵や書斎が保存されている。さまざまな植物が繁茂する庭は研究の場で、粘菌が棲む枯葉の掃除はしなかった。土蔵に保管された資料や蔵書・手紙は膨大な数で、近年行われた資料目録の作成には、十三年間を要したという。

◇破天荒の学者

熊楠は、和歌山が生んだ世界的な博物学者である。植物学、動物学、天文学、民俗学や考古学など、彼の研究は幅広い。

慶応三年（一八六七）和歌山市の金物商の二男として生まれ、並外れた記憶力で将来を期待されたが、学業には身を入れず、もっぱら植物採集などに明け暮れた。ついには米英で合計十四年間も過ごすことになり、その間サーカスの象使いの下働きをしたこともあったという。

彼の学問は独学で、大学や研究機関に在籍したこともなかった。勉強方法は、ひたすら筆写することで、大英博物館時代のノートが旧宅に五十三冊残されているが、これには英・仏・伊・スペイン語の小さな字の書き込みがぎっしりある。

南方熊楠の旧宅には、熊楠が愛用していた机も展示されている

膨大な標本と図録を作成し、発見した新種も多い。業績は内外の専門雑誌に発表され、国際的に高い評価を受けながら終生在野のままであった。

結婚後の生活も、酒造家の弟の送金に頼りながら、よく大酒を飲んだ。喧嘩早く、渡米後在籍した農学校を乱闘騒ぎで退学し、大英博物館もトラブルで追われている。

標本採集中、裸で奇声を発しながら山を駆け下りるなど奇行癖もあったが、人に好かれ、物心両面の援助を行う友人には終生恵まれた。

大英博物館で親交を結んだ孫文は、和歌山に熊楠を訪ねるが、この時、孫文が用意した犬養毅への紹介状は、使われることなく南方邸にある。

◇自然保護運動

熊楠は、単なるオタク学者ではなく、社会活動家でもあった。

明治三十九年頃から政府は一町村一神社を標準とし、それ以外のものは合祀《ごうし》せよと令した。政府による神道統制政策の一環である。村ごとの社や鎮守の森は無くなり、村落共同体の絆は失われ、自然環境は破壊される。

熊楠は「牟婁《むろ》新報」に論陣を張り反対運動を行い、家宅侵入罪容疑で逮捕もされた。だが、熊楠らの熱意は衆議院、貴族院議員らを動かし、大正になると合祀推進は終息していった。

MEMO 熊楠の墓所、高山寺

田辺の市街地を一望できる高台にあり、弘法大師開創を伝える古刹である。多宝塔ほかの堂宇が並び、円山応挙の高弟、長沢芦雪の絵も所蔵している。ここには熊楠のほか、合気道の創始者植芝盛平の墓もある。高山寺の境内には縄文時代前期の貝塚があり、出土した土器は高山寺式土器として年代の指標とされており、考古学者には著名なところである。高山寺の宝物殿には貝塚から出土した土器や貝殻のほか、田辺近郊の経塚出土品などが展示されており見学できる。

こうして伐採を免れた代表的な森には、田辺湾の神島や熊野古道の野中の一方杉がある。その後も熊楠は、和歌山城の堀の埋め立てや闘鶏神社隣への工場建設、田辺町・新庄村合併に反対するなど、歴史・自然環境保護の運動を続けていった。

◇御進講

昭和四年、昭和天皇は白浜に上陸。熊楠は、京都大学臨海実験所での講義の後、神島に案内、ついで軍艦長門の上で標本を見せながら粘菌・海中生物について進講した。

このとき粘菌の標本百十種を献上したが、標本はキャラメルの箱に入っていた。よほど印象深かったと見え、天皇は同三十七年の南紀行幸の際、「雨にけふる神島を見て紀伊の国の生みし南方熊楠を思ふ」と詠まれている。

もっとも、熊楠の奇人・変人ぶりを聞いていた侍従は気が気ではなかったようで、後年「心配は杞憂《きゆう》で、いたってジェントルマンであった」と追懐している。

暖地性の植物の宝庫であった神島は、同十年に国の天然記念物に指定される。神社合祀反対運動以来の熊楠の取り組みの成果である。

熊楠の時代に比べ、きめ細かい社会の仕組みができ、全体が豊かになった。だが、先の不透明な可能性には、今の社会は冷淡である。もし、熊楠が平成に生まれたら、落ちこぼれ、奇人、変人のまま終わるのだと思う。

六　白浜町安宅

熊野水軍の城や館点々と

◇海底の備前焼

昭和五十三年、小豆島東方の海底から、十五世紀前半に作られた備前焼の甕《かめ》や擂《す》り鉢が次々と引き揚げられた。備前焼とは、岡山県伊部地方で生産された日本の中世を代表する陶器で、堅牢《けんろう》さのため広く流通し、いまも生産されている。

海底遺跡は、近くの岩礁の名にちなみ、水の子岩遺跡と命名されたが、ここからは合計二百二十点余りの備前焼と、長さ九十センチ程度の砂岩の板石や、砂利を詰めた備前焼甕などが見つかった。板石は船の碇《いかり》だが、甕に詰めた砂利は船底におくバラストで、計五ト

ン分が見つかった。どうやら海底遺跡は、備前焼を積載した船が難破、沈没したものらしい。碇の大きさから船は二百石積み程度と推定されている。

バラストの砂利は分析の結果、和歌山県の日置川のものと考えられている。バラストは船の建造時に積み込まれるため、船は日置川で建造されたものだ。難破地点から見ると、船は鳴門海峡を抜ける航路を取っていたと考えられ、行き先が紀伊半島南部であった可能性が高い。

◇沈船の故郷

日置川は中世陶器の研究者にはよく知られた土地である。長寿寺から出土した甕に、暦応五年（一三四二）という備前焼最古の記年銘が刻まれていたからだ。

日置川と備前焼の産地とは、二百キロ以上の航路であるが、十四世紀中頃には、輸送船がこの間を行き交っていたのである。渦潮の鳴門海峡を乗り切るには、優れた船や航海技術が不可欠だが、それも当然で、日置川は水軍領主安宅《あたぎ》氏の本拠地なのである。

安宅氏は阿波三好氏と同族であったが十六世紀中頃から分裂と連合を繰り返す。元亀元年（一五七〇）から十年にわたった石山合戦では、阿波、淡路、熊野の三好・安宅同盟勢力は本願寺側に組し、信長や三好宗家と戦っている。

その後、熊野安宅氏は秀吉に家臣として仕え、四国や小田原攻め、あるいは朝鮮侵攻の

戦国大名の安宅氏が築いた八幡山城跡。山の地形を利用し、堀や土塁で守った

折には、藤堂高虎指揮下の水軍として活躍している。

◇安宅氏城館群

日置川の河口部には、安宅氏の館や城が良好な保存状態で残っている。

平地にある安宅本城と七つの山上の城や館、それに安宅氏ゆかりの社寺がある。これらが田園風景と調和し、見事な歴史的景観を形成している。

城というと高石垣や天守閣を思い浮かべるが、それは信長の安土城以降のことである。それより前の城は、山の上に簡素な建物を立て、堀や柵、土塁と呼ばれる土手で防御するものであった。

普段は平地の館に住み、城は戦時に立てこもるための施設であり、そのため、石垣はあまり発達せず、水のない空堀が普通であった。

安宅本城は平成十四年に一部が発掘調査され、

領主の館を中心にした城下町と推定されている。安宅本城に近く、最大の山城である八幡山城は領主用の城であろう。

河口の山上に設けられた小さな大向出城《おおむかいでじろ》は、海や川の見張り用の城で、土井城は熊野古道大辺路からの通行路を確保する城だ。平地の小高い丘に造られた大野城や中山城は家臣の居館であろう。

八幡山城は平成十五年に発掘調査され、その内容がわかってきている。

◇八幡山城

安宅大炊助《おおいのすけ》が大永年間（一五二一―二八）に造営した安宅八幡神社の脇に登山道があり、入り口には、町教育委員会の立てた説明板がある。

城は、約七十五メートルの高さの山に、幅十五メートルの堀や高さ六メートルの土塁をめぐらせ、曲輪《くるわ》と呼ばれる平坦面を三個所に造ったものだ。南北二百メートル、東西百二十メートルの規模があり、築城に当たって行われた土木工事は大規模である。

発掘調査は二の曲輪と呼ばれるところを主な対象として行われた。建物の礎石や土塁の石垣、階段が見つかり、全体が激しい火災にあっていることもわかった。

曲輪への出入りは、堀に造られた幅一メートル余りの土橋をわたり、虎口《こぐち》と呼ばれる狭く屈曲した出入り口を通るが、虎口の近くには重さ一―一・五キロの丸い石が約七百個集

MEMO 安宅一乱記

昭和五十年、享禄年間（一五二八―三二）に起こった安宅氏のお家騒動を素材にした軍記物「安宅一乱記」が発見された。これには、実在しない人物がいたり、安宅氏を江戸時代の大名のように描くなど、虚構も多い。だが、巻末に描かれた絵図をもとに調査すると、山城群が次々と発見された。そのため、記述を信じる人も多く、安宅氏の歴史や遺構は、町民にとって大変身近なものとなっている。城館群は、保存し活用してゆきたい遺産である。

められていた。投弾と呼ばれる武器である。

戦国時代には、投石は主要な戦法であった。全国の山城の発掘事例でも投弾の集積はよく見られるし、投石による戦傷者を記録した文献もある。

出土遺物からみて、この城は十五世紀後半に造られ十六世紀前半に焼け落ちたようである。

七　那智勝浦町下里

本州最南端謎の前方後円墳

◇前方後円墳時代

弥生時代の終焉《しゅうえん》は、各地の首長が、倭《わ》の王権を頂点とする政治的同盟関係を結んだことで、その証が前方後円墳という共通の形の墓を造ることであった。

最古の前方後円墳は、大和にある箸墓《はしはか》古墳で、はっきり言わないが、これを卑弥呼の墓と考える考古学者は多い。

箸墓古墳よりやや遅れ、各地の首長の墓は前方後円形に統一される。首長は前方後円墳を舞台に王権の継承儀礼を行い、代々前方後円墳を造り続けるのである。

本州最南端の前方後円墳、下里古墳の後円部。前方部は開墾されている

古墳時代は言い換えると、前方後円墳時代である。和歌山県で前方後円墳が造られるのは四世紀の終わり、箸墓古墳から百年余り後のことになる。この現象を後進性と考えるのか、あるいは倭の王権と長く同盟しなかったためとみるのか、評価は分かれる。

和歌山県の初期前方後円墳は、合計五基確認されている。内訳は和歌山市に三基、海南市に一基で、もう一基が、本州最南端の前方後円墳となる下里古墳である。いずれも墳丘の長さが四十メートル未満で、全国的に見れば非常に小さい。

このような前方後円墳の在り方から見ると、四世紀末の和歌山県は全体を支配する大首長が不在の地域であった。

◇下里古墳の謎

和歌山県の初期古墳は濠《ほり》や葺石《ふきいし》がなく、略式に造るが、下里古墳は濠を巡らせ、墳丘の表面を葺石で飾る。長大な竪穴式石室を造り、副葬品には王様の象徴である玉杖《ぎょくじょう》と呼ばれる石の杖があるなど、大和の古い古墳と似通った内容である。

下里古墳は、和歌山県では唯一の本格的な初期古墳だが、不思議なことに、これ以降、付近に再び古墳が造られることはなかった。近くの古墳を探すと、前方後円墳は、和歌山県御坊市、三重県松阪市まで行かねばならず、和歌山県すさみ町、三重県尾鷲市まで、半径六十キロ以内には円墳の存在すら確実ではない。こうしたことから見ると、下里古墳に葬られたのは一代限りの首長といえる。臨時に駐在した人物が葬られたか、倭王権と同盟した在地の首長権が継承されずに廃止されたかである。

明治四十三年まで後円部上には八幡神社が鎮座していたが、神社移転後、土地は売却され、後円部以外は開墾された。すでに濠は埋まっており、前方部もはっきりしなかったようだが、古墳という認識はあり、明治末から昭和四年にかけて地元有志による発掘が二度行われた。このとき石室が発見され、鏡や玉杖などが出土したが、その多くは散逸して所在不明である。熊野は日本書紀に度々記される地。国威発揚の意気高い時代に、日本書紀の記述を発掘によって実証しようという機運が高くても不思議はない。

その後、昭和四十七年の発掘調査で、前方後円墳であることが判明し、昭和五十一年には国の史跡に指定された。

MEMO　三足烏（さんそくう）

熊野三山の神の使いにしてシンボルであるヤタガラスは三本足だ。日本サッカー協会のシンボルも三足烏だが、これは日本サッカーの祖、中村覚ノ助が那智勝浦町出身であることに因むという。三足烏は、高句麗壁画古墳には多数あるが、日本ではキトラ古墳の天文図の日輪にいるくらいで大変珍しい図案である。中国の神仙思想では、月には蝦蟇《がま》、太陽には烏が棲むという。烏は紀元前後頃、三本足に進化したらしい。熊野のヤタガラスは、神仙思想の影響によるものではないだろうか。なにしろ、熊野は徐福伝承の地でもある。

◇神話の女賊

神武天皇は河内から大和に入ることができず、紀伊半島を海岸線沿いに南下し、熊野の荒坂の津で丹敷戸畔《にしきのとべ》という女賊を誅した。そのとき熊野の神の毒気にあたりピンチに陥ったが、熊野の高倉下《たかくらじ》という人物の助力で切り抜け、天照大神が使わしたヤタガラスの道案内で山中を進み、大和の宇陀《うだ》に入ることができた。日本書紀神代にある神武東征の一コマである。

むろん神話だが、日本書紀が編纂《へんさん》された八世紀初頭の人々は、古《いにしえ》の熊野をこのように見ていたのである。

紀伊半島では、丹敷戸畔以外の女賊も東征軍と戦っている。紀伊国名草邑《なぐさむら》の名草戸畔《とべ》、大和の添県《そほのあがた》の新城戸畔《にいきとべ》である。

近年の考古学の一説であるが、前方後円墳の被葬者の性別と副葬品を分析したところ、五世紀までの首長はシャーマンである女性が多く、それ以降は軍事力を持った男性に代わるという。この考えに依れば、紀伊半島の女賊の服属伝承は、各地にいた女性小首長が、一人の強大な男性に取って代わられたことを示すだろう。

新しい男性首長は、倭王権に近い人物で、女性首長は、服属の証として前方後円墳を造ったのではなかろうか。下里古墳も、その一つであろう。

八　新宮市新宮

特産の炭を出荷した城

◇新宮城

紀州藩には、水野、安藤という幕府からの付け家老がおり、それぞれ三万石以上の領地を有し、小大名程度の扱いを受けていた。なかでも新宮水野家は、家康の母方の血筋で、石高以上の高い格式を与えられていた。

その城、新宮城は別名沖見城ともいい、天守台から南方には太平洋を行く船が良く見える。北方には、重々たる山々と熊野川の流れが望め、川の辺には水《みず》ノ手郭《てくるわ》と呼ばれる軍港施設が構えられている。

熊野川を往来する船を見張るため使われた新宮城の出丸櫓跡

そもそも新宮城は慶長五年（一六〇〇）に、この地の支配者となった浅野氏により築城が進められていたが、元和元年（一六一五）の一国一城令で取り壊しの憂き目にあう。ところが、翌年には早くも城の再建を許されている。

北山地方の豊臣残党の制圧拠点が必要で、また、当時は江戸の消費物資の多くを阪神からの「下りもの」に頼っていたため、海上交通の確保が幕府にとって重要な課題であったからだ。

地政学上の位置から、新宮城の軍港は西日本と江戸を結ぶ太平洋航路の支配に欠くことのできない施設であった。

◇炭と殿様

平成七年に、水ノ手郭を発掘調査したところ、所狭しと作られた炭の倉庫十三棟が見つかった。倉庫に納められたのは「新宮炭」と呼ばれる白炭の一種で、火持ちが良いため、暖房用として江戸では高額で取引されていた。江戸行き廻船の難破記録によると、五百五十石積み程度の水野様御手船には、商人の材木千本あまりと藩の炭五百―三千五百俵が積載されている。年に十五万俵近くが江戸に出荷された記録があるので、炭を積んだ廻船が月に平均五艘は出帆したことになる。

炭の生産は、藩が領民に米や味噌を貸し付け、原木の伐採許可を与えて一定量の炭を納めさせるものであった。専売により江戸での価格は、一両で十五俵半、運賃は千俵につき三両であったから、かなりの利益があった。新宮藩は、これで江戸屋敷の費用を賄《まかな》っていたという。

この経済構造は、領民からの搾取であるとともに、耕作地の少ない山村領民に対する救貧政策という一面も持っていたのである。

◇城の平和利用

発掘調査の結果から、城内に炭倉庫が造られたのは、十八世紀前半とみられている。藩は、以前から城下に炭役所と倉庫を置き、川船で運ばれた炭の集積と廻船への積み替えを行っていたが、それだけでは足りずに、城内に倉庫を設置したのである。太平の世ではあったが、城の修理すら幕府の許可が必要な時代であった。軍港の経済施設への転用許可が正式に得られるはずはない。役人は、建前を振りかざす一方、その抜け道を探すのも

MEMO　新宮の多様な顔

新宮には、多様な顔がある。速玉大社、神倉山など世界遺産の信仰の地であり、城下町である。不老不死の薬を求め、徐福が訪れたという神仙の地でありながら、江戸（東京）と直結した歴史は、反骨と新進の気風を育み、ドクトル大石ら大逆事件新宮グループや、佐藤春夫、中上健次らの文学者、大正デモクラシーの旗手、西村伊作らを輩出した。旧市街は、一日あれば歩いて回れる。バブルの恩恵をあまり受けなかった街には、どこか懐かしい風情をあちこちに発見できるはずである。

得意である。幕府が見て見ぬふりできる屁理屈を、藩の有能な役人は考えたに違いない。水ノ手郭の炭倉庫は、藩にとって非常に重要であったらしく、安政元年（一八五四）の大地震の被害から、炭倉庫はいち早く復旧するが、城の玄関、大手道の石垣などは修理されないまま明治を迎えている。

◇城の運命

新宮城は数奇な運命の城である。一度は完成前に取り壊され、ついで幕府の全国支配の拠点として築城された。その後、城の軍港は経済施設に転用され、藩の財政を支えた。

明治以降、城は払い下げられ、旅館や遊園地となっていたが、昭和五十年代から、新宮市の都市公園としての整備が始まり、水ノ手郭の発掘調査が行われたのである。城内に置かれた経済施設の発見は全国でも初めてであり、炭倉庫は、江戸と山村の中継都市として栄えた新宮らしい施設であった。この発見をきっかけに、市は城の利用を見直すことになり、平成十五年に国の史跡に指定された。城は、都市公園と文化遺産の二つの顔を持つことになったのである。城主を失った城は荒廃が進み、緊急な保存修理が必要な個所も多い。新宮城は、熊野らしさを凝縮した城で、城郭史、経済史の研究や理解に欠かせない貴重なものだ。国民的な財産として、ぜひとも後世に伝えてゆかねばならない。財政事情もあろうが、新たな城主たる新宮市当局と市民の奮起を期待したい。

九　田辺市本宮

世界遺産の経塚と都の富豪

◇備崎経塚

平安時代の終わり、世の中が乱れ、末法思想が流行した。末法の世では、仏教が廃れるので、五十六億七千万年後の弥勒《みろく》再来まで、経典を保存する必要があった。そのため、貴族や金持ちは現世功徳として、経典や仏具を盛んに埋納した。これが経塚である。

熊野本宮大社は、明治二十三年の大水害まで熊野川の中州に鎮座していた。中州にある旧社地の対岸には、大峰山系の尾根が半島状に突き出ており、そこは備崎《そなえざき》と呼ばれている。備崎には数十以上の経塚が見つかっており、本宮大社や旧社地及び備崎経塚は、平成十

熊野川に半島のように突き出した備崎。多くの経塚がある

五年に世界遺産に登録されることになった。

さて、この備崎で文政八年（一八二五）、採石作業中に偶然、経筒が掘り出された。当時、よほど奇譚《きたん》と思われたのか、南総里見八犬伝の作者である滝沢馬琴が編纂《へんさん》した「兎園小説」に「土中出現黄金仏」という記事が見られる。

それによれば、石材を切り出していたところ、休憩時間中に土砂崩れが起こったり、人を恐れない鳥がたくさん集まったりと不思議な現象が数日間にわたって続き、怖くなった作業員の逃亡も相次いだ。

そのうち、銀の器の欠けた物が幾つか出土し、ついで当時見かけない陶器が掘り出され、それには次のような文字が彫り込まれていた。

熊野山妙法経銘文
大般若経一部六百巻
白瓷《しらし》箱十二合

MEMO　熊野の経塚

熊野の神々の力を頼りに、経典の保存を願うのは、熊野参詣の目的の一つであった。備崎のほか、那智山、神倉山、蓬莱山などに多数の経塚があるが、なかでも備崎経塚は、吉野と熊野を結ぶ険しい修験の「奥駈道」沿いにあり、旧社地に鎮座する大社を望む御加護も厚い地であろう。

子殺し・親殺し、環境破壊や拝金主義。末法の世は続いている。熊野に非日常の「癒し」を求めるだけでなく、ささやかであれ功徳を重ね、日常社会も少しは良くしたいものである。

箱別五十巻
保安二年歳次辛丑十月　日
願主沙門《さもん》良勝
壇越《だんおち》散位《さんい》秦親任《はたのちかとう》

陶器の中には金メッキの筒があり、その中には、お経の一部と丈七寸の閻浮檀金《えんぶだこん》の阿弥陀仏があったというのである。閻浮檀金というのは、仏教世界の川で採れる砂金で、この世の最高の金だそうである。

同じような話が、「熊野年代記」にも書かれているので、不思議現象の真偽はともかく、出土品の品目や出土した状態については実話であろう。このとき掘り出された品々のうち、陶器とその中に収められていた金メッキの経筒は、東京上野の博物館に現存している。

◇経筒の銘文

陶器に彫り込まれた銘文は兎園小説のとおりであり、その意味は、保安二年（一一二一）に良勝という僧が発願し、役人を退職した秦親任が資金を出し、大般若経六百巻を五十巻ずつに分けて、渥美焼の蓋付き壺十二個に納めたというものである。

現存する陶製の容器は一つだけだが、細部の異なる同じ銘文の拓本が一種類見つかっているので、五十巻十二セットで埋納されたのは本当だろう。

他の壺には、仏像以外の高価な品々もあったに違いない。これを目当てにしてか、備崎の経塚群は、弥勒の出世をまたず、ことごとく掘り返されていた。

◇願主秦親任

上野の博物館にある経筒は、日本最大というし、なにしろ仏は閻浮檀金である。スポンサー秦親任は金持ちであった。

近年発見された重要文化財「松尾社一切経」に、秦宿禰親任という同じ人物の名が記されている。「松尾社一切経」の製作年代は永久年間(一一一三―一一一八)と推定されており、保安二年の備崎の埋経と年代的な矛盾はなく、二つの史料の秦親任は同一人物であろう。

京都嵐山の松尾大社は、酒の神様として名高いが、平安時代は京の守護社であり、そもそもは大宝元年(七〇一)秦忌寸都理《いむきとり》が氏神社として造営したという。

秦親任が、平安京造営の資金源であった秦氏の末裔ならば、松尾大社への経典の奉納も、金持ちなのも納得がゆく話である。

備崎経塚は、平成十四年に発掘調査されたが、このときは銅の薬師如来一体が出土しただけであった。発掘後の経塚はブルーシートを被ったまま、世界遺産として相応しい整備の日が来るのを待っている。

十　高野町神谷

日本最後の仇討ち現場

◇御維新と近代化

明治維新と呼ばれる政権交代を遂げた日本の課題は、封建国家から近代国家への変貌であった。だが、この改革は決して順調ではなく、明治二十八年の憲法発布に至るまでには、農民や士族の一揆や西南戦争のような内戦も経験することになった。

近代国家の道を急ぐ日本は、大政奉還以降さまざまな法・制度の整備に着手した。明治四年の廃藩置県、明治六年の地租改正と徴兵制により、幕藩体制の政治・軍事・経済の基盤は完全に変革された。次いで必要とされたのが、新しい社会の秩序であった。

首が並べられたという黒石。すぐ近くまで道路拡張工事が迫っている

◇仇討ち

江戸時代、儒教的倫理観で正当とされる復讐は、各藩公認の仇討《あだう》ちとして実行された。その数、およそ百件という。だが、国家による公的な刑罰以外を認めないのが、近代国家の社会秩序の基本である。明治六年には刑法が公布され、太政官布告で仇討ちが禁止された。

布告のきっかけとなったのが、明治四年二月二十九日、高野町神谷《かみや》で行われた仇討ちである。

布告以降は、いかに正当な復讐《ふくしゅう》でも、殺人事件として扱われるため、神谷の仇討ちが日本最後といわれるのである。

文久二年（一八六二）、赤穂藩の家老森主税と重臣村上真輔が、尊皇攘夷派の下級武士に殺害される事件があった。政治的背景によるテロである。

この後、藩政の主導権は尊王攘夷派に傾き、犯人は処罰されず、逆に森・村上家が処分をうけることになった。森・村上家復権後も、藩は仇討ちを認めず、犯人達を高野山にある藩の墓所の警護役に任命した。この情報を得た、村上真輔の遺児四人と助太刀四人が、高野山に急ぐ犯人一行を待ち伏せ、本懐を遂げたのである。明治四年七月、廃藩置県によって藩が無くなり、従来の仇討ちとしての扱いができず、自首した村上兄弟らは起訴された。明治五年には死刑判決を受けたが、禁固十年に減刑され、結局四年後には全員釈放されている。

◇尾根の上で

高野山には、高野七口とよばれる七個所の入り口がある。仇討ち現場は、このうちの一つ、不動坂口への途上である。

この道は、京・大坂からの最短コースとして、よく利用されたルートであった。丹生《にゅう》川から作水《さみず》峠を登ると、小さな観音堂と鳥居がある。そこから約七十メートルのところの路傍には、黒石と呼ばれる大岩がある。馬の背のような狭い尾根上で、街道以外に歩けるところはない。こんな舞台で総勢十五人の死闘が繰り広げられた。

◇死闘の記録

裁判記録で知る仇討ちの実態は凄惨である。

MEMO 聖地高野山

今は不動坂口だけだが、もとは高野七口全てに女人堂があった。明治五年、太政官布告で禁制が解かれるまで、鉄門を僧兵が警護し、聖地の女人禁制は貫かれていた。では殺生禁止はどうか。十三世紀の本寺方と大伝法院方の闘争では死者がでた。また、この地に流された豊臣秀次は、秀吉により自刃を強制されている。さらに、江戸時代には、生き埋めによる処刑が行われたという。生き埋めは入定、自刃は殺生にあらず、は詭弁《きべん》であって、それなりに血なまぐさい歴史もある。

村上兄弟側の布陣は次のようであった。観音堂付近に見張りが一人、鳥居近くの茂みに二人が潜む。そこから二十メートル登ったところでは旅商人姿の二人が、歯痛の介抱をするふりをして待ちかまえ、黒石付近には三人が潜んだ。

犯人一行は、堺で整えた品々を、それぞれ風呂敷き包みにして背負い、先頭の一人が少年の手を引き、その後に二人、二人、一人と続いていた。犯人一行が鳥居を過ぎ、旅商人姿の二人の前を通り過ぎたとき、その二人が鉄砲を放った。弾は外れ、風が強かったため、襲撃に気がつかず一同はそのまま進んだ。これを見て、観音堂付近に潜んだ二人が飛び出し、旅商人姿二人に刀を手渡し、四人で背後から迫っていった。同時に、黒石付近で待機していた三人が、手槍をしごきながら立ちふさがり、仇討ちの名乗りを上げた。

こうして全員入り乱れての死闘が始まった。討手側も重傷三人、軽傷二人の犠牲がでたが、犯人側は全員殺害され、少年を除く六人の首が黒石の上に並べられたという。

少年の名は岩吉といい、犯人の一人の異母弟である。仇ではなかったが、高野山で僧になるため同行していた。

少年は果敢に戦うが、後頭部から襟元にかけてを切られた。村人が観音堂の前に運び、水を与えたところ、口からの水が襟元の傷から流れ出、まもなく絶命したという。

討ち取られた七人の墓は、黒石から五百メートルほどのところにあるが、今もこの惨劇を弔う人は多く、献花が絶えない。

十一　紀の川市西野山

世界初乳がん手術の地

◇青洲の業績

文化元年（一八〇四）、華岡青洲《せいしゅう》は、世界で初めて乳がん摘出の手術に成功した。彼の業績には、幾つもの世界初が重複している。

大手術を行うためには、全身麻酔が必要だが、当時、全身麻酔は中国の伝説の医者華陀《かだ》の秘法にすぎず、実際にはその技術はなかった。

米国でエーテル麻酔による抜歯が行われたのが一八四二年のことで、青洲の全身麻酔薬の開発は、世界初であった。その開発過程は、有吉佐和子が小説「華岡青洲の妻」に嫁・

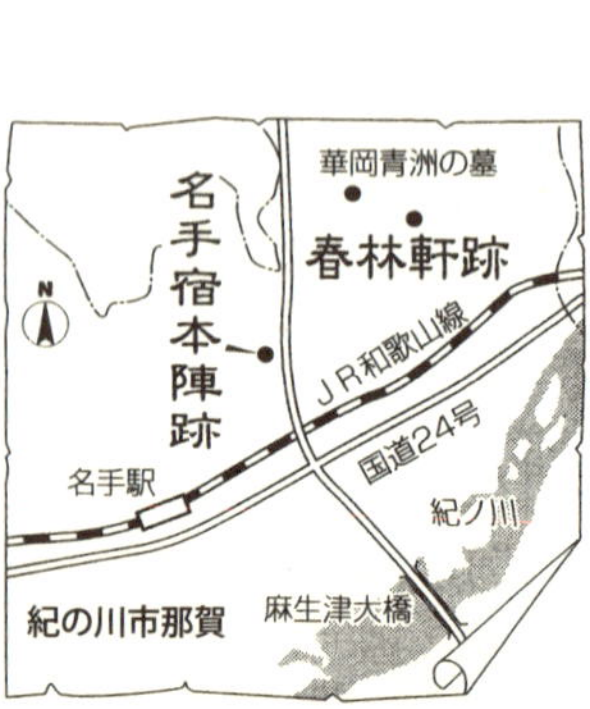

華岡青洲が創設した医塾・春林軒の、復元された主屋

姑の確執を織り込んだ苦労話として描き、有名である。

小説では動物実験に猫を用いたが、実際には犬だそうだ。今の新薬開発では、計画的な実験はあたりまえだが、これも世界初という。

だが、人体実験に身を供した妻の失明は、小説の世界ではなく事実であった。青洲は妻の気晴らしのために、たびたび阿波から太夫を招き、人形浄瑠璃を語らせたという。

◇春林軒

青洲が医療と医術伝授をおこなった医塾は、春林軒《しゅんりんけん》と呼ばれていた。彼の偉業と、それを支えた家族の献身の舞台である。

手術の成功後、名声は全国に広まり、日本中から来た百五十人余りの乳がん患者が治療を受けた。大坂中之島にも合水堂《ごうすいどう》という出張所を設け、清洲

MEMO 名手宿本陣

春林軒の西南約一キロ、青洲の妻、加恵の実家。大和街道に面した豪農妹背《いもせ》家の屋敷で、参勤交代や鷹狩りのおりには殿様の宿泊所となった。また、屋敷地内の北区画には、那賀郡役所が置かれ、御白州も残っていた。名手宿《なてしゅく》本陣は、紀州藩の地方支配の実態を知るためには欠くことができないもので、敷地全体が国の史跡となっている。重要文化財の主屋や米倉は、整備・公開されたが、郡役所は解体されたままだ。このままでは、部材や跡地の保存が懸念される。

の弟が医療及び教育を行ったが、二カ所で計千人近くの門人が、華岡流医術を学んだ。

青洲の外科手術の完成度は高く、血管や傷口の縫合法や、彼の考案した数々の手術道具の機能や形態は、今と同じである。行った手術も、今の外科から耳鼻科、口腔《こうくう》外科、泌尿器科、産婦人科など、あらゆる領域に及ぶ。

塾は約二千六百平方メートルの敷地に、医療と講義及び生活兼用の主屋《おもや》と、病室、製薬所、倉庫など機能別の建物を配置していた。

同時代、大坂船場の緒方洪庵の適塾は、オランダ医学の学問所であったが、医療は行っていない。春林軒は、医療の場で医術を学習する。まるで今の大学病院である。

塾は明治十五年まで存続したが、大正十二年に主屋は売却され、その他の建物は取り壊されて、跡地は柿畑となっていた。近年、青洲顕彰のため、塾の復元が計画され、平成五年に発掘調査が行われたが、それによって判明した塾の構造は、驚くべきものであった。

◇地中に学ぶ

各建物の雨水は、地下排水溝を流れ、一部は防火水槽に貯水される設計であった。台所・風呂・馬洗い場の汚水は、浄化槽で浄化される。浄化槽は直径一・五メートルの桶を二個、底の高さを違えて埋めたもので、上澄み水が順に流れる仕組みだ。

敷地の湿潤を嫌い、敷地外の汚染にも配慮し、動けぬ病人の安全のためには、防火水槽を造る。塾の衛生管理は徹底しており、どの建物にも、汲み取り式便所は造られていなかった。敷地全体を発掘していないので、どこかに共同便所のある可能性は否定できないが、入院中の病人が、遠方の便所を使用することは考えられず、病室は確実にオマル式だ。塾は様々な保菌者が集まる場所でもあった。汲み取り式共同便所を使用すれば、感染症の拡大は避けられない。塾は、その回避策を講じていた。

このように、発掘調査で知る塾の構造は、衛生や安全に配慮したものであった。民家と比較すると、医療施設ならではの工夫が満載で、合理的かつ近代的だ。青洲の優れた医療思想を反映したものと評価できる。

◇初手術から現在

発掘調査で判明した事実がもう一つ。塾は改築されており、その時の整地土から青洲考案の手術道具が出土している。初の乳がん手術は、改築前の塾で行われたのだ。

改築前の塾は、敷地面積約六百平方メートル、建物は瓦葺き。改築後の塾よりは小さいが、堂々としたもので、小説とは異なり、青洲は貧乏ではなかった。出土した陶磁器の年代から見ると、改築は十九世紀前半、手術成功後に、塾は大拡張されたのだ。

拡張後の塾跡は現在、「青洲の里」として復元・公開されており、青洲の手術道具も見学できる。訪問すれば、この地が、日本の医療の中心地であった頃が偲ばれる。

十二　和歌山市善明寺

五世紀倭王権の物流基地

◇巨大倉庫群

二〇〇四年、和歌山県は生徒数の減少により県立高校の統廃合を発表し、物議をかもしたが、一九八〇年代には、生徒数の増加対策のため私立高校の誘致を行っていた。

そんな私立高校の誘致先のひとつが、和歌山市善明寺《ぜんみょうじ》にある丘陵であった。そこは遺跡として認識されていなかったが、周辺は、馬用の甲冑が出土した国指定史跡大谷古墳などの古墳が多数所在する地域であったため、昭和五十七年に試掘調査が行われた。

その結果、丘陵の尾根の一つで多数の柱穴と、韓国の洛東江《らくとうこう》辺りの遺跡に特徴的な、肩

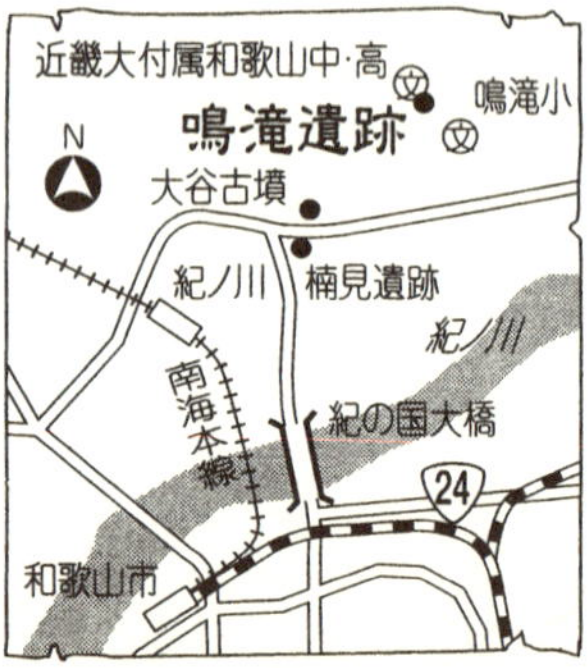

鳴滝遺跡の大倉庫群がみつかった近畿大学付属和歌山高校のテニスコート。この地下20メートルに眠っている

の両側に小さな突起を付けた五世紀初めの土器が多量に見つかった。

新発見の遺跡は鳴滝遺跡と命名された。当時、半人前の調査員だった私はただならぬ遺跡の気配に〝鳥肌の立つ〟思いであった。

遺跡は本発掘調査が行われ、当時の常識を覆す規模・構造・配置をした掘立柱建物群が見つかった。発見は、新聞の第一面を飾り、見学会には三千人を超す人たちが集まった。

合計七棟の建物が発見されたが、構造は全て同じである。高床《たかゆか》切妻《きりづま》造り、棟持ち柱があり、建物内部に床を支える柱の他、屋根を支える二本の柱があるのが特徴だ。このような、倉庫とみられる建物が、棟方向を東西にそろえ、東側に二棟、西側に五棟、南北に並んで建築されていた。

建物の面積は八十二平方メートルと六十九平方メートルが一棟、六十三平方メートルが三棟、五十六平方メートルが二棟で、規模の大きさに応じた誤差はあるが、約七平方メートルを単位とする規格建物だ。同じ構造で規格のある倉庫が整然と並ぶ様子は、まるで今の物流基地で、古墳時代では異様な光景であったろう。

当時の村の倉庫は二十平方メートル未満で、比べると巨大さがわかる。仮に米を収納すると、八世紀の紀伊国全体の税に匹敵する量が入るという。地元の首長のものではなく、倭王権が必要とする施設だ。だが、建物の柱はすべて抜き取られ、床下に並べていた甕《かめ》を打ち壊し、欠片《かけら》を柱穴に投げ込んでいた。火災の兆候もなく、柱が腐った痕跡もない。存続期間は短く、計画的に撤去されたのである。

◇河内潟の陸化

古代では、今の東大阪市辺りまでが入り江であった。倭王権は入り江に湊を置き、大和川を利用して、大和に物資を運んでいたが、五世紀ごろには入り江の陸化が進み、湊が使用できなくなった。そのため、紀ノ川の水運を利用したルートが倭王権のライフラインとなったのである。

今の紀ノ川は東西に真っすぐ流れているが、古代では河口近くで向きを変え、和歌山市街を南に流れていた。そのため、北岸には湊に適した淵があり、古墳時代の港は楠見遺跡の近くにあったと考えられている。

MEMO 掘立柱建物

掘立柱建物は、地面に穴を掘り、柱を立てるので、電柱のように柱がそれぞれ自立しており、建築が容易である。礎石建物は、寺院や官庁の一部に限られており、掘立柱建物は古代から中世まで広く用いられた建築方法である。だが、地中の柱は腐りやすく、耐用年数は短い。遺跡で多数の柱穴が見つかるのは、建物を頻繁に建て替えるためだ。掘立柱建物の伊勢神宮が、二十年ごとに遷宮するのは、柱の耐用年数のせいで始まった儀式とも言われている。

倉庫の床下に置かれていた特徴的な甕の出土例は、国内では楠見遺跡など和歌山市の遺跡にほぼ限られる。韓国洛東江流域と関係の深い地元の首長が、倉庫群の建設に関わったのは間違いない。

このような事情で、五世紀には、湊や倉庫群のある紀ノ川北岸の重要度が高まった。倭王権との関係を深め、強大になった地元首長によって、巨大な前方後円墳が、北岸に相次いで造られていった。大谷古墳もその一つである。

◇難波の港湾整備

やがて、より安定的・効率的ルートを必要とした倭王権は難波に運河を掘るなどし、湊の整備を行った。

昭和六十二年、大阪市の法円坂《ほうえんざか》で、五世紀後半に建築された倉庫群十六棟が発見された。こちらは入母屋《いりもや》造りと呼ばれる構造だが、屋根を支える柱が建物内にあるのは鳴滝と同じだ。建物の規模は鳴滝遺跡の最大級より大きい。

このようにして、倭王権の新しい物流基地が設置され、不要となった紀伊の倉庫群は撤去されたのだろう。それから千五百年。発掘調査後の鳴滝遺跡倉庫群は埋め戻され、今は近畿大学付属高校のテニスコートとなっている。ボールの弾む地下二十メートルには、こんな歴史があったのだ。

十三　和歌山市太田

出雲との兄弟銅鐸が出土

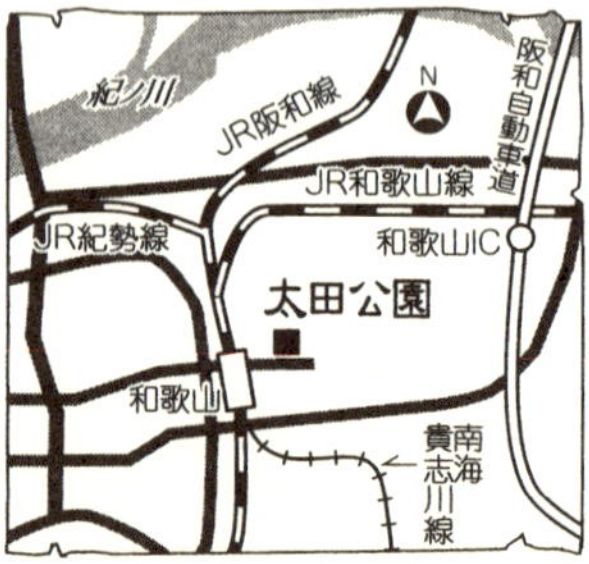

◇銅鐸発見

JR和歌山駅の東方約四百メートル、太田公園という小さな公園がある。昭和四十五年十二月十三日、公園建設工事中に一個の銅鐸が発見された。

工事中の発見だが出土位置が特定でき、その後の周辺部の調査によって、太田・黒田遺跡と呼ばれる弥生時代のムラの東の端で出土したことが確かめられた。この後、発掘調査での銅鐸発見例が増え、ムラ境での銅鐸埋納パターンは確実となった。

銅鐸は、高さ約三十一センチ、重さ一・七六キロ、袈裟襷《けさだすき》文がついた外縁鈕《ちゅう》I式と呼ば

弥生時代の銅鐸が出土した太田公園

れる古い型式だ。銅鐸内部には、長さ約十二センチの棒状の石があったが、これは銅鐸内部に釣り下げて、振り鳴らすための舌《ぜつ》というものである。

◇謎の青銅器

銅鐸は、日本独自のもので、今まで五百個近くが発見されている。古くから知られており、弥生時代の代表的な青銅器とされるが、偶然の発見例が多く、謎が多い。

それでも、近年は発掘調査で発見される例が増え、徐々に謎は解けつつある。

他の遺物と一緒に出土しないため、出現は弥生時代前期末ごろだが、消滅はハッキリしない。

銅鐸の出土地は、丘陵部と平野部に分かれており、平野部の例は、太田公園のようなムラ境に当たり、一個だけ出土する。丘陵部では、同じ地点で何回かの埋納が行われ、一度に多数が出土する

MEMO 哲学者の説

約八十年前、哲学者、和辻哲郎が、九州地方中心の銅矛・銅剣文化圏と、近畿地方中心の銅鐸文化圏の対立と、近畿地方の支配をとなえた。長年、教科書にあったので、ご存じの方は多いだろう。島根県神庭《かんば》荒神谷遺跡で、銅矛・銅剣・銅鐸が計三百八十点出土し、佐賀県吉野ヶ里遺跡で銅鐸が発見されるに至り、そう単純でないことがわかってきた。だが、祭事と政治が一体のもので、宝器の違いは、政治的関係を反映すると考える人は多い。和辻の説は、部分的には今でも有効なのだ。

場合が多い。ムラの鎮守の銅鐸と、祭礼場に納めた銅鐸の違いだろう。

納め方に作法があり、地面に穴を掘り、鰭《ひれ》と呼ばれる縁飾りを縦にし、寝かせるのがスタンダード。文様や吊《つ》り手の形で、様々に分類されるが、聞く銅鐸と、見る銅鐸という、田中琢《みがく》氏による分け方が親しみやすい。

古い型式の銅鐸は、高さが五十センチ未満で、しっかりした吊り手が付き、分厚く造られている。石又は青銅の舌を吊るし、振り鳴らすベルである。

新しい型式は、薄く造られ巨大化し、高さが一メートルを超すものがある。吊り手も派手な飾り付きで、吊るすことはできない。置いて見る観賞用だ。

太田公園の銅鐸は、聞く銅鐸である。金属音が珍しい時代、金色の銅鐸が振り鳴らされる音色は、太田・黒田のムラ人の心を一つにしたであろう。共同体の維持に必要な宝器だ。そんな大事な銅鐸を、鎮守のために埋めるのは、ムラ存亡の危機があったのだろうか。

◇兄弟鐸

一九九六年に島根県加茂岩倉遺跡で、三十九個の銅鐸が出土したが、そのうちの四個が、太田公園出土銅鐸と同じ鋳型で造られた兄弟鐸であった。鋳型の傷の進行程度から、製造順が判明するが、太田公園の銅鐸は、三番目のものだ。

古い銅鐸は石製の鋳型で造るが、新しい大型銅鐸は、一回限りの土製の鋳型で造り、兄弟鐸というものはない。鋳型出土地は、大阪・愛知・奈良・福岡・佐賀で各一ヵ所があるが、奈良県唐古鍵遺跡が土製鋳型で、他は石製鋳型である。

大阪の東奈良遺跡の鋳型で造られた銅鐸は、大阪や香川で発見されており、その他計二十六組の兄弟鐸が知られている。

生産地は限られ、遠くまで運ばれている。材料は中国製だから、さぞや高価なものだろう。どこで造られた銅鐸が、いかなる経緯《いきさつ》で、島根と和歌山に運ばれたのだろうか。時空を超えた不思議な気持ちが沸《わ》いてくる。

◇和歌山県の銅鐸

和歌山県では、三十一遺跡、計四十一個の出土が確認されており、銅鐸の多数出土地域である。多くは丘陵からの出土で、平野部の出土例は、紀ノ川平野は、太田・黒田、有本、紀ノ川河床、宇田森の四ヵ所、有田川以南は、日高平野に一ヵ所あるだけだ。紀ノ川平野は、聞く銅鐸が主で、見る銅鐸は一例だけだが、南部川以南は、見る銅鐸がほとんどである。

銅鐸は、共同体維持の道具だとすれば、紀ノ川平野では、古い時期には境界を鎮守する必要性が高く、新しい時期には、銅鐸の必要数が少なくなったのだ。こう考えると、紀ノ川平野は、南部川以南に比べて、ムラの数が多く、争いも多かったが、ムラからクニへの、共同体の統合と大型化が、急速に進行したと見ることができる。

第4章

神とまなざし仏の

◉大河内智之

一　鞆淵八幡神社の三神像

信仰の蓄積を今に伝える

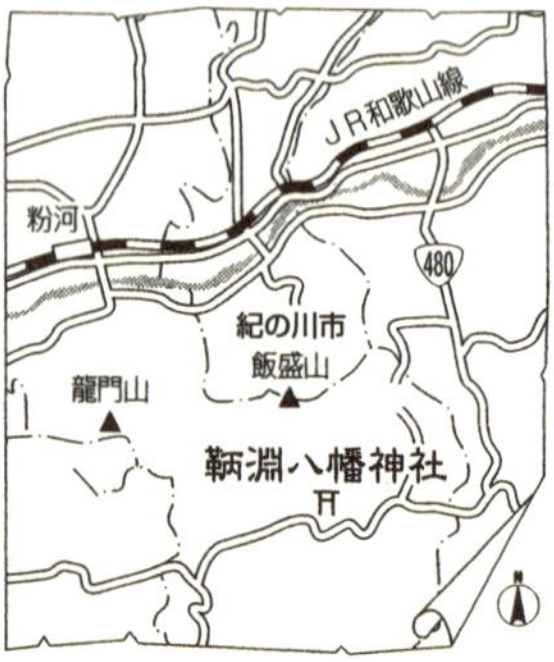

◇最古の神輿

和歌山県紀の川市、旧粉河町域の南方、山間に位置する鞆渕《ともぶち》地区は、寛弘五年（一〇〇八）に京都の石清水八幡宮領荘園となったことで歴史上に登場してくる。

かつてここは鞆淵荘《ともぶちのしょう》と呼ばれ、豊富な山林資源や木製品を都へ供給する荘園として位置づけられていた。同じ旧粉河町域の中心部にあるのが、西国三十三ヵ所霊場の第三番札所、粉河寺であるが、鞆渕地区とは紀ノ川と龍門山地によって隔てられ、異なる文化圏にある。鞆渕を訪れるためには、隣接する旧桃山町（現紀の川市）か、かつらぎ町まで出て、山を

鞆淵八幡神社の僧形八幡神像。石清水八幡宮の神像を写して製作されたようだ

越えて回っていくしかないのである。

鞆淵荘の中心地に鎮座するのが鞆淵八幡神社である。参道の石段を登りつめると突然、寛正三年（一四六二）に建立された社殿や、室町時代前期建立の大規模な大日堂が目に飛び込んでくる。ともに重要文化財である。その一角にある収蔵庫に、日本最古の神輿《みこし》の一つ、国宝・沃懸地螺鈿金銅装《いかけじらでんこんどうそう》神輿《みこし》が収められている。

この神輿は柱など部材の各所を蒔絵《まきえ》や螺鈿《らでん》で装飾し、金銅製の飾りを多数取り付けた絢爛《けんらん》豪華なものである。もともと京都・石清水八幡宮の放生会で使用するため中宮（皇后）が寄進したもので、その後、安貞二年（一二二八）に鞆淵荘に下げ渡されている。平安時代末期に製作された神輿が、八百年の時間を超えて、今日まで残されてきたのである。

MEMO 飯盛山と龍門山

粉河町の中心地と鞆渕地区を分かつ龍門山地は、紀ノ川から立ち上がってそびえ立つ。南北朝時代の内乱期には、この山は戦場となっている。標高七四六メートルの飯盛山には元弘四年（一三三四）に北朝方の河内国の賊徒らと佐々目憲法僧正が城を構えて立てこもった。斯波高経と楠木正成を大将とする大軍はこの鎮圧に三カ月もかかっている。標高七五六メートルの龍門山では、延文五年（一三六〇）に南朝方の四条中納言隆俊が城を構え、北朝方の畠山義深らの攻撃を跳ね返している。このころの山城は溝を掘って尾根を切り、柵を巡らせる程度のものであったので、だからこそ天然の要害に築いたのだ。

残されていたのは神輿だけではなかった。近年、社殿から、荘園の成立期にさかのぼる驚くべき新資料が見いだされた。

◇八幡三神像

八幡神社の祭神、八幡三神像である。主神は僧侶の姿にあらわされた僧形八幡神像で、神功皇后と比売大神の二人の女神像が従っている。穏やかな造形の中にも、面相部に厳しさを残した作風は、十一世紀前半から中ごろの神像の特徴である。

特に注目されたのは、僧形八幡神像の着衣が通常とは逆に左袷《あわせ》（左襟が内側、右襟が外側）に表されていたことである。これは平安時代初期、九世紀の神像にわずかに類例が見られる特殊な形式だ。他にも八幡神像の耳たぶに穴が開いていること、三神像ともに手に持物をとることなど、十一世紀に製作された神像としては古様な表現が随所に確認された。

おそらくこういうことだろう。荘園領主である石清水八幡宮には、八幡宮を宇佐（大分県）から石清水に勧請した僧行教《ぎょうきょう》が貞観二年（八六〇）に製作した神像と、延喜十四年（九一四）に敦実親王《あつみしんのう》が製作した神像が安置されていたようだ。鞆淵八幡神社の像は、平安時代前期に製作されたこのどちらかの像をモデルとして造られたのだと考えられる。

石清水の神像が保延六年（一一四〇）の火災により失われている今となっては、本像が唯一もとの姿を伝える存在である。神像は仏像の影響を受けて八世紀後半から九世紀にかけて造られ始める。八幡神は早くから仏教と融合した神であるので、石清水の神像の姿が分かれば、神像が造形化される初期のようすが分かってくる。日本の神像の歴史を考える上で重要な発見であった。

◇鞆淵動乱

山深い鞆淵で、十一世紀の神像や十二世紀の神輿が残されてきたのは奇跡や偶然ではない。元弘三年（一三三三）、石清水八幡宮領であった鞆淵荘は、高野山による働きかけを背景に後醍醐天皇の勅裁によって突然高野山領に組み込まれてしまった。しかし八幡神社の神人や百姓たちは「惣」とよばれる自治組織を築いて結束し、下司や荘園領主である高野山と対等に渡り合った。在地領主として荘園内の一元的支配をもくろんだ下司とは「鞆淵動乱」と呼ばれる戦争状態にさえ至っている。結果高野山から、年貢を石清水時代を基準として決めることを認めさせたのだ。

高野山領内で唯一、八幡神への信仰を核として結束していた鞆淵の住民にとって、神像や神輿といった象徴的な存在を守ることは、自らの命や生活を守ることとそのものであったのである。

清らかな神像のすがた、きらびやかな神輿、そして壮大な社殿や仏堂は、鞆淵荘がたどった数奇な運命と、住民たちのゆるぎない信仰の蓄積を、今日に伝えてくれている。

二　天野社と神仏

失われた神仏習合の地

◇天野社

かつらぎ町天野地区には、高野山の鎮守、丹生都比売《にうつひめ》神社（天野社）が建つ。祭神は丹生・高野明神と、気比・厳島明神の四柱である。

かつて弘法大師空海が密教修行の地を求めて山野を分け入った際、猟師姿の狩場（高野）明神に出会い、その案内で丹生明神から高野山の土地を譲られたという。こういった伝説は十一世紀ごろから喧伝されるものであるが、地主神としての丹生・高野両明神が高野山にとって重要であったがゆえに、一種の神話が創作されていったのであろう。

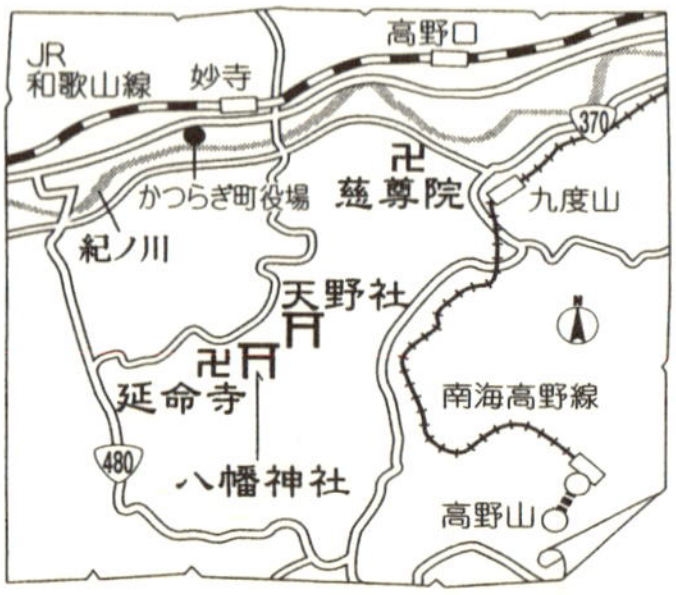

男性的な風貌を持つ延命寺の十一面観音立像。10世紀前半の作と考えられる

神社を訪れると、明応八年（一四九九）建立の丹塗りの鮮やかな楼門（重文）や、四棟の社殿（重文）が木々に囲まれ、神のいます空間にふさわしい清浄さが実感される。社殿は、うち二棟が文明元年（一四六九）、他の二棟が江戸時代と明治時代の建立である。ただし、今見ているこの景観からだけでは、丹生都比売神社のたどってきた歴史の全体像を想像することは難しい。明治政府が発布した神仏分離令により、神と仏が共に祀られていた神社の空間から、仏教の要素が排除されたからである。

　安置されていた仏像などは高野山に移されたようだ。追跡できるものを挙げると、社殿脇にあった持所《じしょ》という堂舎からは平安時代の大日如来坐像と江戸時代の愛染明王像（二体）が山上の准胝堂《じゅんていどう》に移され、現在は霊宝館に保管されている。愛染明王像のうち一体は持所本尊で、不動明王と愛染明王が合体した両頭愛染という珍しい像だ。

　県外にも移動している。石川県珠洲市の法住寺に所蔵される鎌倉―南北朝時代ごろの不動明王坐像は、もと天野社護摩堂の本尊像であることが近年判明した。歯に水晶板をはめた玉歯とよばれる極めて珍しい技法を用いたもので、実はこれは高野山奥院の護摩堂本尊・不動明王坐像（重文）に特徴的に見られる技法である。すなわち、山上の霊験あらたかな不動像を模刻したものであり、高野山と天野の密接な関係をよく示していよう。

◇延命寺の仏像群

徹底的な神仏分離により、高野山時代の仏教色が薄れてしまったかのような天野地域で、近年驚くべき仏像群が見いだされた。天野地域には天野社の他にもう一社、八幡神社がある。そこに安置されていた仏像が、やはり神仏分離によって、近隣の延命寺に移されていたことが判明したのである。

延命寺には、十世紀に製作された阿弥陀如来坐像と十一面観音立像、観音菩薩立像、十一世紀製作の二天立像の五体が残されていたが、例えば二天立像は高野山・普賢院の毘沙門天立像（重文）と似た表現が見られ、山上勢力との結びつきの中、製作されたことが想像される。

特に注目されるのが十一面観音立像である。像高一七八センチ、重厚感ある立ち姿で、眉のつながったような表現や、切れ長の眼、抑揚のある唇など男性的な風貌を見せ、製作時期は十世紀前半頃と考えられる。実はこの風貌には、九度山町・慈尊院の本尊像である、寛平四年（八九二）製作の弥勒仏坐像（国宝）と共通する要素が見られる。

慈尊院は高野山の政所として、紀ノ川のほとりに建立された重要拠点である。歴史上、高野山と特別な関係を持ち続ける慈尊院と天野に類似する仏像が残ることは偶然ではなかろう。平安時代前期における高野山と天野、慈尊院の結びつきの実態はこれまで明確ではなかったが、守られ残されてきた仏像が貴重な手掛かりを与えてくれている。

◇神仏習合

さて、神仏分離によって天野社境内の仏教的な建物は競売にかけられ、売れなかったものは取り壊され木炭として売られたらしい。ただ、取り壊しの前に当時の宮司が記録した境内の平面図が神社に残されている。これにより境内の仏堂は、柱間や間取り、安置されていた仏像の詳細まで復元できる。宮司自身にとっても、神仏が習合した信仰の姿こそが自然なあり方であったはずだ。あるはずのものが失われてしまうという喪失感が、今日に貴重な情報を残してくれたのであろう。

神と仏が重層的に重なりあった天野の景観を、復元的に考えるための材料はようやくそろってきた。目をつぶれば、社頭で読経する僧侶の姿も見えてくる。

MEMO 天野の御田と六斎念仏

天野社では御田植神事である御田の祭りが、毎年一月第三日曜日に行われる。重文の楼門を舞台に、翁と黒色尉《こくしきじょう》の面をかぶった田人《たびと》と牛飼が、問答をしながら田をおこして種をまき、刈り入れるまでのしぐさを演じる。登場する牛や、給仕をする礼の坊の動きなど大変ユーモラスで、見どころが多い。この天野の御田とともに、和歌山県の無形民俗文化財に指定されている芸能に、六斎念仏がある。本文で紹介した延命寺の阿弥陀如来像を本尊に、多人数で鉦をたたきながら「南無阿弥陀仏」の文言を多様な旋律で唱えるもので、声明の古い形態を伝えている。伝承者の減少に直面しているのが、今日的な課題である。

三　高野山周辺の仮面芸能

浄土の光景現世に再現

◇舞楽曼荼羅供

密教の一大道場である高野山の山上では、僧侶の修行の妨げとなるため、音楽や踊りなどの芸能は禁止されていた。しかしその分周辺の村々では、高野山の僧侶もかかわる形でさまざまな芸能が行われていた。その実態がよく分かるのが、前回も話題とした高野山の鎮守、かつらぎ町の丹生都比売《にうつひめ》神社、通称天野社である。

天野社にはかつて、数千巻からなる経典の大全集、一切経が納められていた。現在は金剛峯寺の所蔵であるこの一切経は、中国・宋からもたらされたのち、仁和寺の道法法親王《どうほうほっしんのう》

上花園神社の菩薩面。女性を思わせる表情を見せている

から高野山の中興に尽力した行勝《ぎょうしょう》上人に下賜されたものだ。

天野社ではこの一切経を重視していて、境内に経蔵を建て、毎年一切経会という法要を行った。この法要の中で大きな位置を占めていたのが舞楽の奉納である。その比重の大きさから、のちに一切経会は「舞楽曼荼羅供《ぐ》」と呼びかえられるほどであった。

法要の様子を見てみよう。まず社殿の前の楼門内に密教の修法のための壇が組まれる。門の左右に広がる翼廊には高野山の僧侶が多数参列している。僧侶たちは神前で高らかに読経を行うのだ。

楼門の前には舞台が特設されている。法要の途中、ここを列僧たちが行列をなしてお披露目のように歩く。さらに仮面を着けた人たちが仏の仮装行列を行う。これを「行道《ぎょうどう》」と呼ぶ。この時に使用された毘沙門天や持国天などの仮面が、東京国立博物館の所蔵となって七面残されている。仮面の裏には「二十八部衆」と書かれているので、かつてはそれだけの数が用いられたのかもしれない。

こういった法要の節目節目に舞楽が行われる。やはり東京国立博物館に、天野社旧蔵の舞楽面が残される。装束や楽器も高野山などに伝わっていて、往時のきらびやかな様子をうかがい知ることができる。

仏の浄土では常にすばらしい音楽が流れ、天人たちが舞を舞っているという。僧侶の読経の中繰り広げられた、舞楽の音曲と舞の壮麗さはまさに浄土の光景をこの地に再現するものであった。

◇上花園神社の仮面

これまで高野山周辺では、舞楽や行道が行われた記録は天野社でしか確認されていなかった。しかし最近、かつらぎ町（旧花園村）の上花園神社に古い舞楽面や行道面がまとまって残されていることが分かった。上花園神社の舞楽面は、赤ら顔で大きく笑みを浮かべた「獅子《しし》子《こ》」で、ほぼ同じものが二面あった。これは獅子の口を取って歩く役が使用するもので、古式の舞楽で登場するめずらしいものだ。他に舞楽面はないので、舞楽の演目の一部を行っていたのかもしれない。

行道面は、如来面が一面と、菩薩面十四面が残されていた。それぞれの仮面の作風の違いから、鎌倉時代から室町時代初めごろにかけて、三回にわけて順次製作されていることが分かる。おそらく最初は如来と菩薩が小人数で舞を舞う仏舞《ほとけまい》であったのが、最終的には阿弥陀如来と多数の菩薩が練り歩く、来迎会へと変化したようだ。

この行道面の中に、ユニークな仮面が含まれていた。冠をかぶった菩薩面であるのだが、目尻の切れ上がった眼はふたえにあらわされ、女性を思わせる表情を見せている。その顔は、能で使用される女面の原型ともいえるものであるが、抽象化した能面の表情には見られない躍動感がある。ほかに類例のないこの仮面は、いったいどのような使われ方をしたのだろうか。

◇仮面芸能の伝播

上花園神社と同じ旧花園村の遍照寺《へんしょうじ》に、「花園の仏の舞」という仮面芸能が継承されている。これは龍王の娘が文殊菩薩の導きで仏になるという一種の演劇で、劇中には龍王の娘とそれに従う侍女が仮面を着けて登場する。芸能の成立時期は中世までさかのぼるようだ。これを参考とすればあるいは上花園神社でも、女性が登場する物語が演じられた時期があったのかもしれない。

上花園神社の祭神は丹生・高野四所明神。天野社の末社にあたる。天野社で行われた仮面芸能は、末社にも伝播していたのであろう。やはり天野社でしか確認されていなかった

MEMO 花園の仏の舞

花園村はかつて花園荘とよばれた地域。この花園村梁瀬《やなせ》の遍照寺で継承される花園の仏の舞は、高野山周辺で唯一、今日まで継承されてきた仏教演劇である。上演はかつては六十一年に一度。奇跡の芸能である。物語は法華経の一節、だれでも悟りを開いて成仏できると説く龍女成仏《りゅうじょじょうぶつ》の説話をもとにしている。煩悩を象徴する龍王たちを成仏へと導くことに内容の骨子がある。劇中に二度、舞のシーンがある。五人の如来が仏の浄土を現前させる場面と、成仏できた龍王が喜んで太平楽を舞う場面。どちらの舞も舞楽をベースにしているようだ。ここにも天野社の舞楽の影響が及んでいる。

鬼面も、ここには残されていた。

中世の高野山周辺では、今では想像できないほど、多様な芸能が繰り広げられていたようだ。仮面は、かつて行われた芸能の様子とそのにぎわい、人々の息づかいを今に伝えてくれている。

四　明恵上人と湯浅氏

慶派仏師の手になる仏像群

◇勝楽寺

醤油の醸造業で著名な有田郡湯浅町は港湾都市として発展し、古くからの町並みが現在も残されている。その市街地のやや南に建つのが、勝楽寺である。

現在は新しい本堂と庫裏が残るのみだが、その本堂には、二メートルを超す大きな阿弥陀如来坐像や地蔵菩薩坐像をはじめ、平安時代後期から鎌倉時代にかけての仏像十体が、ところせましと並ぶ。うち八体が重要文化財だ。この仏像群の存在だけでも、かつての寺域の壮大さを彷彿とさせる。

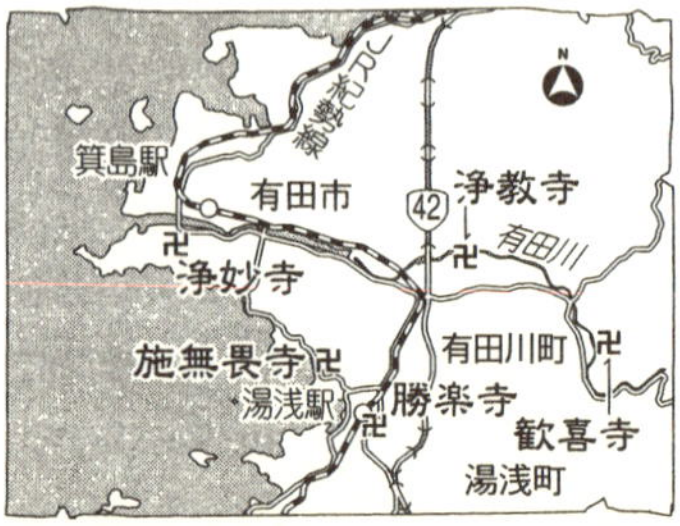

浄妙寺の薬師如来坐像。重要文化財。慶派仏師による製作である

実は、かつてこの地に建てられていた本来の本堂が、現在も別の場所に残されている。京都市山科区の古刹、醍醐寺の金堂が、それである。

醍醐寺金堂は正面七間を誇る巨大建造物。平安時代末期の建立で、国宝に指定される。この金堂が湯浅の勝楽寺から移築されたのは慶長三年（一五九八）、豊臣秀吉の命令によるものであった。

かつての勝楽寺は、この巨大な本堂を中心に数多くの子院が立ち並び、境内には熊野参詣道が通っていた。周辺には町場が形成され、眼下の広川河口部の潟湖には、天然の湊があった。

平安時代末期にこの湊を押さえ、勝楽寺を整備したのは、紀州最大の武士団、湯浅党の盟主、湯浅宗重であった。

◇明恵上人

この宗重の息子に、上覚《じょうかく》という僧侶がいた。

後白河上皇や源頼朝と深くつながった僧、文覚《もんがく》の高弟である。文覚は、平家討伐・鎌倉幕府成立の立役者である。

養和元年（一一八一）、京都・高雄の神護寺で、文覚の右腕として活躍していたこの上覚のもとに、幼くして両親と死に別れた甥が身を寄せた。のちの明恵上人《みょうえ》である。

明恵は文覚、上覚らのもとで真言密教や華厳宗の教えを学んだ。才能にあふれた明恵は、名声を求めたり、権益を得ようとはせず、ただひとえに釈迦如来を父と仰いで、厳しく戒律を守り、修行に明け暮れた。自らを律するために、母と仰いだ仏眼仏母《ぶつげんぶつも》の画像の前で右耳を切り落としたエピソードや、浄土宗祖法然の専修念仏思想を批判したことなどがよく知られている。明恵は神護寺のそば、栂尾に高山寺を建てて弟子を育てた。華厳宗と密教の立場から、貴族や庶民のために仏教修行の易行化を進め、多くの人々から敬われた。鎌倉時代における仏教の改革者の一人であった。

ところで、この高山寺内に安置された仏像は、運慶や快慶に代表される仏師の一派、慶派仏師によって製作されていることが、記録からわかる。判明している仏師名は、運慶・快慶のほか、運慶の息子湛慶、定慶《じょうけい》である。

慶派仏師は、源平の争乱で荒廃した東大寺や興福寺の再建事業で中心的に活躍し、鎌倉幕府と密接に結びついていた。こういった仏師を用いることができたのは当然、源頼朝と文覚、上覚の密接なつながりによるものだと考えられる。

MEMO　明恵ゆかりの地

有田地域一円には明恵ゆかりの場所が数多い。明恵が都と行き来しながら、厳しい修行を行った場所が「明恵上人紀州八所遺跡」。旧金屋町（現有田川町）の吉原遺跡、筏立《おいたて》遺跡、糸野遺跡、湯浅町・東西の白上遺跡、有田市の星尾遺跡、旧吉備町（現有田川町）の神谷後峰遺跡、崎山遺跡である。崎山遺跡以外は石製卒塔婆が残される。国の史跡。金屋町の歓喜寺は明恵生誕の地。吉備町の浄教寺には、明恵が製作に関わった可能性のある仏涅槃図と大日如来が残される。ともに重文。湯浅町の施無畏寺の落慶法要には晩年の明恵が駆けつけている。現在も有田地域では、明恵の存在を身近に感じることができる。

◇浄妙寺の仏像群

有田市小豆島の浄妙寺には、鎌倉時代の仏像群が残されている。

鎌倉時代建立の浄妙寺薬師堂内には、絢爛豪華な蓮華唐草文螺鈿須弥壇《らでんしゅみだん》が設置され、そこに薬師三尊像が安置される。これらはすべて重要文化財に指定されている。

三尊像は、端正な表情や肉身の張りを強調しない穏健な表現などから、一二二〇―三〇年代ごろに製作されたものと見られる。高山寺の造像にも携わった湛慶の周辺仏師の手になるものだ。同じ時期に製作された十二神将像も残される。近年、浄妙寺多宝塔に安置されている五智如来像のうちの二体も、同じ作者によるものと判明した。

さらに発見は続いた。浄妙寺と同じ有田市内、本光寺の阿弥陀三尊像も、作風の類似から浄妙寺薬師三尊像と同じ製作者が関わっているものと見られた。阿弥陀如来の足裏に仏足文が描かれているもので、県下では初めての事例だ。本光寺は戦国時代の創建であり、この阿弥陀三尊像はもともと、浄妙寺に安置されていた可能性が高い。

浄妙寺の仏像や堂舎が整備された理由は、今のところ不明である。しかしこれら慶派仏師の手になる多くの仏像の存在は、現在の浄妙寺伽藍建立に湯浅党、あるいは明恵などが関与していたことを物語っている。

守られてきた仏像が、地域の歴史の一断面を語りかけてくれている。

五　熊野速玉大社の神像

日本最初の「国宝」指定

◇国宝の神像

本宮、新宮、那智の神社・寺院からなる熊野三山は、中世・近世を通じて数多くの参詣者を集めた。その途切れることなく連なる様子は「蟻の熊野詣」とも称された。平成十六年には「紀伊山地の霊場と参詣道」として世界遺産に登録された。

この熊野三山の一つ、新宮市の熊野速玉大社には、平安時代に製作された神像が七体伝えられている。そのうち速玉大神《はやたまのおおかみ》坐像と夫須美大神《ふすみのおおかみ》坐像、家津御子大神《けつみこのおおかみ》坐像、国常立命《くにとこたちのみこと》坐像の四体は、平安時代前期の製作。神像の理想的な姿が完成した時期の、最も優れた作

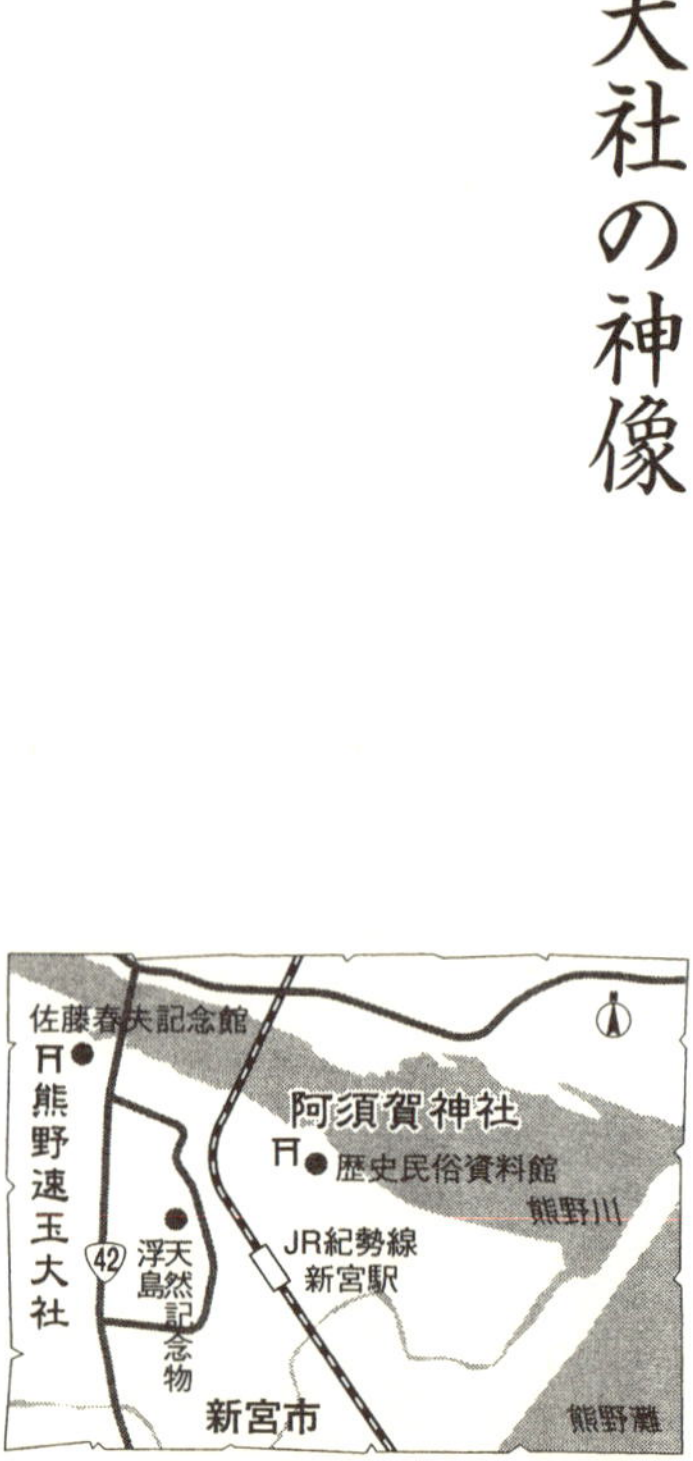

熊野速玉大社の速玉大神坐像（国宝）。神の理想的な姿が表されている

例の一つだ。これまで重要文化財であったこの四体は平成十七年に、国宝へと指定替えされた。

ところでこの「国宝」という呼称、昭和二十五年の文化財保護法制定以前は、国によって指定された資料は全て国宝と呼ばれていた。保護法によってそれらは重要文化財と言い換えられ、その中から特に貴重なものについて現在、国宝指定がなされている。

熊野速玉大社の神像が初めて「国宝」として指定されたのは明治三十年。これは同年に制定された古社寺保存法による一回目の指定で、日本で最初の国宝指定だ。ただし、この時指定されたのは夫須美大神坐像と伊邪那美神《いざなみのかみ》坐像の二体で、他の神像五体は少し遅れた明治三十二年の指定。

実はこの明治三十年と三十二年に指定された国宝の中に、ほかに神像は含まれていない。すなわち明治政府が日本で初めて国宝指定した神像なのである。

◇指定の経緯

明治時代の国宝指定は突然行われたものではない。明治初年、政府の神道国教化政策の一環で発布された神仏分離令は、廃仏毀釈という動きにつながり、資料の破壊や散逸が全国的に広がった。

政府は明治四年には「古器旧物保存方」の太政官布告を発して資料保存の動きを見せる。

その後明治二十一年、宮内省に臨時全国宝物取調局が設置され、全国の文化財調査が行われた。

岡倉天心らによるこの調査は、その後の指定と保護を視野に入れたものであり、調査の際には資料のランク付けを行っている。結果、重要なものについては、鑑査状が所蔵者に交付された。

鑑査状には皇室の菊紋が表され、所蔵者、資料名称、資料のランクなどが記される。この鑑査状の多くは失われているが、幸いにも速玉大社には五枚が残されていた。

それを見てみると、この調査の時に最も評価が高かったのは夫須美大神坐像と伊邪那美神坐像。この二体が先に国宝指定されたのはそのためだ。

指定後、神社では、神像は御神体の依代としての役目を終え、文化財として保存されている。

◇祖霊神

七体の神像のうち、速玉神と夫須美神、国常立命の三体は一具として製作されたものだ。速玉大神坐像は口髭や顎鬚をたくわえ、威厳ある表情を見せる。肩幅の広い堂々とした体形は雄偉さを誇ってたくましい。夫須美大神坐像は麗しく清らかで、豊満な体型も含め女神としての理想像といってよい。国常立命坐像は速玉大神坐像と似ているが、髭を生やさず威圧感を抑え、若々しい姿である。

主神である速玉神の位階は、貞観元年（八五九）に従五位上から従二位へ急上昇し、貞観五年には正二位となっている。これらの像を製作する契機は九世紀後半ごろにあったとみられる。

ところで、熊野三山が一体として信仰されるのは平安時代後期、十一世紀ごろからだ。三山が同じ祭神（熊野十二所権現）を祀るようになるのもそれからのことで、それまでは各社は個別の神を奉祀していた。

速玉大社の三神は、豪族の長とでも言うべき威厳ある姿の主神と、麗しく気品ある女神、そしてもう一人が若宮という構成からなる。実は同じ構成の三神像が、京都市の松尾大社にも残されている。こちらは九世紀中ごろの製作である。

松尾大社の神像は、古代の豪族、秦氏《はたし》の祖霊神として製作されたものだ。速玉大社の三神像も当初は、おそらく地域の豪族の祖霊神として製作されたものとみられる。

守られ残されてきた神像は、はるか古代の祖先の足跡を、そして人々の信仰形態の変化を、今に伝えてくれている。

MEMO　国宝・古神宝

熊野速玉大社には、総数約千点に及ぶ神々の調度品、古神宝《こしんぽう》が残されている。これは明徳元年（一三九〇）に、上皇・天皇・将軍らによって奉納されたものだ。蒔絵で装飾された手箱や豪華な装束、桧扇、武具などで構成される。熊野十二所権現と新宮市内の阿須賀社を合わせ、合計十三セットも作られた膨大なものだ。阿須賀社の分は、現在京都国立博物館の所蔵となっている。熊野速玉大社の神宝館では古神宝の一部が常に公開されている。

あとがき

本書は、二〇〇四年一〇月二一日から二〇〇五年一〇月六日まで一年間にわたって産経新聞関西版に週一回木曜日に連載していた「きのくに時空散歩」全四十五回を一書にまとめたものである。

京都時空散歩のあとをうけ「今度は和歌山でどうですか」と産経新聞社の谷口峰敏氏から打診があった二〇〇四年春のころ、当県はユネスコ世界遺産登録の最終段階にあった。また、根来寺・みなべ・日置川・那智勝浦はじめ、次々と新しい発見に沸いていた。このような心騒ぐ息吹をリアルタイムで発信できれば良いな、とつい立候補した次第である。手元のメモによると、「発見あいつぐ不思議の国ワカヤマ、失われた中世世界の再現、世界遺産アヤカリでなくホンマモノの観光資源、木の国の中世時空めぐり」などとあり、二〇回分くらいの適当なプランが記されている。分野のバランスを考え、すぐに共著者三人の顔ぶれは浮かんだが、全体の調整はしなかった。むしろ、各分野で、旬な話題を提供してほしいと考えた。地域や内容に重複があるのは、ひとえに編者の大雑把な性格によるものである。白馬社の西村孝文社長に出版をお引き受けいただいた時も、結局ほとんど手を加えずに連載時の順番を尊重した。だが、ストーリー性の豊かな和歌山の時間・空間は堪能いただけたのではなかろうか。

私たちのグループによる情報発信は清文堂刊『きのくに荘園の世界』（上・下）についで三冊目である。この企画が縁となり、いまは和歌山大学の主催する「きのくに観光検定」テキストの構成を協議している。「一座ソロワヌ似非《エセ》連歌」状態の私たち紀州悪党を、巧みに取りまとめてくださった白馬社西村氏、仲立ちくださった渡部裕明氏に心から御礼を申し上げたい。

海津　一朗

二〇〇六年四月一日

《執筆者》
海津一朗（かいづ　いちろう）　1章執筆
1959年生まれ。和歌山大学教授。専門は日本中世史。著書に『楠木正成と悪党』『蒙古襲来』『神風と悪党の世紀』など。

鳴海祥博（なるみ　よしひろ）　2章執筆
1950年生まれ。和歌山県文化財センター。文化財建造物修理技術者。30年余り文化財建造物の修理工事に携わる。主な著作は「彫刻の自己主張—紀州における展開をみる」（「大工彫刻」INAX1986)『日本建築基礎資料集成—塔婆Ⅱ』（共著、中央公論美術出版1999）

武内雅人（たけうち　まさと）　3章執筆
1952年生まれ。和歌山県教育庁文化遺産課。和歌山、大阪、東京、兵庫の各地で文化財の発掘調査に従事。主な著作は共著『陶質土器の国際交流』（柏書房1989）など。

大河内智之（おおこうち　ともゆき）　4章執筆
1974年生まれ。和歌山県立博物館学芸員。専門は日本彫刻史。著書に「永久寺旧蔵東大寺持国天像・多聞天像について」（南都仏教82、2002)、「鞆淵八幡神社の八幡三神像について」（仏教芸術276、2004）など。

きのくに歴史探見

2006年6月15日　発行

著者
海津一朗　鳴海祥博　武内雅人　大河内智之
発行者
西村孝文
発行所
株式会社白馬社
〒612-8105 京都市伏見区東奉行町1-3
TEL 075(611)7855　FAX 075(603)6752
HP http://www.hakubasha.co.jp
E-mail info@hakubasha.co.jp
印刷所
モリモト印刷株式会社

ISBN4-938651-58-0 C0021